9条はどこに行った

平和について、じっくり考えてみませんか

東道利廣
Higashimichi Toshihiro

風詠社

はじめに

平和の実現は、
人類が種としての存続を懸けるほどの難題
難しいが、九割は解けている
ただ、「百里を行く者は九十を半ばとす」
とも言われている

～北朝鮮がミサイル発射！ 頑丈な建物の中に避難を～
Ｊアラート鳴り響く２０２２年の憲法公布記念日

２０２２年2月、世界軍事力ランキング2位（当時）のロシアが、ランキング25位のウクライナへ一方的に侵攻するという蛮行が実際に起きた。侵略者ロシア軍に抵抗するウクライナ軍は、広い国際的支援を得て反撃を始め、ロシアもあらゆる手段で味方を増やそうとしている。先の見えない戦いが続いている。

このように世界中に暗雲がかかり、不安が高まっていた最中の２０２２年11月３日の早朝、Ｊアラート（全国瞬時警報システム）がけたたましく全国に警報を鳴り響かせた。通勤中の人々を乗せた一部の交通機関はストップさせられた。アラートは「北朝鮮が日本列島を通過するミサイルを発射した。新潟、山形、宮城県の人々は、頑丈な建物の中に入るなど安全を確保せよ」という内容であった。

後で、ミサイルは警報が予測したコースを飛ばずに日本海の『日本の排他的経済水域』の外側に着水し、〝部分的には誤報〟であることがわかった。通勤途中のすべての人が、バスや電車を降りて頑丈な建物に入れるわけがない。警報の情報の不正確さと指示のチグハグさはともかく、国民の不安が一気に増幅されたことは間違いない。「ミサイル攻撃されることがあり得る」という恐怖が、国民に焼き付けられた。ウクライナの惨状を見ているだけに、恐怖はより強く残っただろう。11月３日は文化の日、日本国憲法の公布記念日である。皮肉な偶然である。

前日の11月２日にも、北朝鮮はミサイル発射実験や砲撃を行っていた。新聞各紙の報道を併せて読むと、次のようであった。10月31日から11月４日まで５日間、朝鮮半島で５年ぶりとなる大規模米韓合同軍事訓練が行われていた。反発した北朝鮮が、11月２日に23発以上のミサイルを南の海上に向かって発射し、うち1発は南北軍事境界線（ＮＬＬ）を超えた。韓国軍はこれに対抗して、３発のミサイルをＮＬＬの北側に打ち返した。軍事境界線を越えてミサイルを打ち合うのは初めてのことである。この日、北朝鮮は日本海に向かって１００発以上の砲撃、６発のミサイル発射を行い、これらは日本の『排他的経済水域』の外に着水した。

そして、米韓軍はこれらに反応して、合同軍事演習を6日間に延ばした。このように、北朝鮮、米国、韓国はお互いを刺激し、行動をエスカレートさせている。

北朝鮮は、今でもアメリカと戦争を続けているつもりである。北朝鮮の蛮行を弁護する必要はまったくないが、残念ながら、戦争は終わっていないという北朝鮮の認識は間違いではない。１９５０年に開始された朝鮮戦争は、休戦協定が調印されているだけである。北朝鮮と米国・韓国は、休戦状態とはいえ、戦争当事国である。「敵対国が朝鮮半島で大軍事演習をしているので、ミサイル発射実験で対抗している」と北朝鮮はアピールしている。

日本での報道を聞いていると、〝北朝鮮の挑発〟という言葉が頻繁に使われるのに対して、〝アメリカ・韓国の挑発〟という言葉は聞かない。また、〝朝鮮半島の非核化〟という言葉も、一般的にニュースなどでは、北朝鮮の核兵器開発を禁止するという意味で使われ、アメリカが韓国内に持ち込む核兵器を問題にするような意味では、あまり使われない。

そもそも、核兵器に関する『核拡散防止条約（5か国の核兵器保有は認め、それ以外の国の核兵器は禁止する）』が、世界の基準のような扱いを受けていること自体、おかしな話である。特権国だけに核兵器を認めるような条約が、世界平和につながるはずがない。

「公平に報道すれば、それでよい」と言っているのでもなければ、「北朝鮮にも一理ある」と言っているのでも、さらさらない。ただ、北朝鮮のミサイル発射が挑発であることが真実であるのと同じように、朝鮮半島での大規模軍事演習も挑発である。なぜ、相手の軍事行動を刺激し合う必要があるのか。どちらかの挑発行為に対して、その挑発をさらに挑発する行為を行えば、双方ともに正当性を失い、軍事的緊張を高める悪循環にはまってしまう。平和を願うならば、どの国であろうと挑発行為のエスカレートを批判すべきである。単に報道するだけでなく、双方の挑発行為は双方を批判すべきである。

　後の章で詳しく議論するように、憲法9条の価値は、「自ら武器を捨てることで、軍拡と戦争へ向かう悪循環を断ち切る」という考え方である。今こそ、日本は9条の立場から、挑発のエスカレートを批判すべきである。

　残念ながら、日本政府は9条の平和主義をまったく守ろうとしていない。実際、「敵がミサイルを発射できないように、敵のミサイル基地を攻撃する必要がある」という挑発に応じるような強硬論がまたたく間に広がり、岸田政権は、〝反撃能力〟と称して、敵のミサイル基地を攻撃するため、４００発のトマホークミサイルをアメリカから購入し、配備する方針を立てている。

11月2日には、本来ならば批判的に大きく報道されるべき、重大な政治的協議が行われていた。与党である自民党と公明党が、自衛隊の継戦能力（戦闘を継続する能力）強化と、ミサイル配備を優先しながら弾薬などの費用の捻出方法について相談した。憲法9条の下、戦力不保持・戦争放棄の国で、〝戦闘を継続する能力〟を強化するための増税などが相談されていたのである。

ＮＨＫはニュースでそれらの事柄を、ただ淡々と伝えた。翌日11月3日の各紙新聞報道も、ＮＨＫと同じように、自民党と公明党の協議が合意したことを淡々と書いているだけであった。批判の論評はなかった。憲法公布記念日の記事が、この内容なのだ。メディアは、評論家は、学者や論説委員は、憲法9条を忘れてしまったのか。

日本の怖さ

「戦争をしていない時期も平和とは呼べない。戦争の準備期間でしかない」とは、幣原喜重郎の弁である。彼は、戦前に外務大臣として不戦・軍縮外交に取り組んだが、軍部から軟弱外交と批判され、戦争へ突き進む世論の中、要職から姿を消した。敗戦後、日本国憲法制定の短い期間であったが、首相として表舞台に戻った。

今、私たちが目にしている時間の流れは、まさに幣原の言葉どおり、戦争の期間と〝平和という名の戦争準備期間〟の繰り返しである。地域的な戦争は常に起きていて、世界は危険な方向へ向かい、それを止める制御装置は何も機能していない。

日本も同じか。いや同じどころではない。世界の中でも際立って急激に、危険な方向に変化しているのが日本であると言っても過言ではない。

１９４６年、「自衛のためであっても戦争はしない。そのため軍事力は持たない。そのことを率先垂範して実践し、世界に向かって平和を訴える」と議論され、議決された日本国憲法が公布された。その憲法の下で、自衛隊という事実上の軍隊が創設され、強化され、今や、世界の軍事力ランキングで４位～７位との評価が下されている。年間約５兆円以上（ＧＤＰの約１％）が、防衛費としてずっと使われてきた（１９８７年以降）。さらに、ＧＤＰの２％まで引き上げられようとしている。２％の防衛費で日本は世界第３位の軍事費の国となる。与党内では、２０２３年以降、防衛費を毎年１兆円ずつ増やしていく案が浮上している。

かつては子どもたちに「（日本は）軍艦も飛行機も、およそ戦争をするためのものはいっさいもたない」（『あたらしい憲法のはなし』文部省　１９４７年より）と教えてきたが、今、自衛隊は、戦車も戦闘機も空母もミサイルも持っている。

かつては「争いごとがおこったとき、戦争によって自分のいいぶんをとおそうとしない……戦争とまでゆかずとも、国の力で相手をおどすこともしない」と子どもたちに教えてきたが、自衛のためであれば武力行使は行うことができると政府は解釈を変えた（１９５４年）。

さらに、アメリカなど、日本にとって重要な同盟国が攻撃を受けたとき、日本が攻撃されていなくても、場合によっては日本の自衛隊は同盟国のために武力行使できるというように、憲法解釈を勝手に変え、法律を変えた（２０１５年）。

また、前述のように、敵のミサイル基地攻撃を準備する政策が進められている。一部には、核兵器を持たなければ自衛できないとの暴論も出ており、〝自衛のため〟を合言葉に、乱暴な憲法蹂躙（じゅうりん）はとどまるところを知らない。

日本の怖さは、憲法条文が変わっていないのに、政府の勝手な解釈変更がまかり通っているところである。そのような政府の暴走を止めるため、独立した司法（裁判所）があり、違憲立法審査権があるはずである。しかし、残念ながら、司法の独立は崩れてしまっている。違憲立法審査権はあっても、その権利を行使できる人材（裁判官）がいない。裁判官は人事権を内閣に握られ、内閣から独立した判決を出せるような裁判官は、仕事を与えられなくなっている（第Ⅵ章「失われる司法の独立」参照）。

主権者は育っているのか

そして、さらに問題なのは、為政者のそのような横暴を止める力を持つ主権者が育っていないところである。それは、言葉を変えれば、民主主義の未発達・形骸化、主権者のひとりとして自己批判も兼ねてもっと言えば、残念ながら、名ばかりの存在として祀り上げられた主権者の頼りなさである。

主権者を頼りないと批判すれば反発を受けるのを承知で言えば、第Ｖ章（憲法の平和主義、国民世論調査が示していること）で詳しく見るように、国民の９条に対する理解は、度重なる政府見解の変更によって混乱させられている。戦後ずっと続けられてきた憲法９条に関連する世論調査は、そのことを鮮明にしている。

主権者は勝手に育つものではない。ひとりひとりが主権者として育つには、歴史の真実に基づいた教育と、主権者として振る舞う機会がなければならない。教育と民主主義の成熟の問題である。

教育について言えば、何を教えるのか、それが教育にとって何より大切なことである（東道利廣『「現代」と「その後」の社会』付録１「教育を受ける権利から教育をつくる権利へ」風詠社　２０２０年より）。戦前は、大人の言うことをよく聞く、純真な子どもたちが〝軍国少年・少女〟に育てられた。現在は、指導要領に国家管理された教科書で、政府の憲法解釈を軸に教えられている。政府解釈をより肯定的に記述している教科書が発行部数最大となっている（第Ⅰ章「憲法9条　子どもたちにどう教えてきたのか」参照）。

本書の構成

第1部　議論の前に

議論の前に、ぜひ確認しておきたい諸事実を記述した。

第Ⅰ章　憲法9条　子どもたちにどう教えてきたのか

誕生したばかりの9条が子どもたちにどのように教えられていたのか、現在はどのように教えられているのか、当時と現在の中学生向けの教科書を比較紹介する。

第Ⅱ章　「非武装・不戦」思想の源流へ遡る

9条の「非武装・不戦」思想が、どのような人物や組織によって訴えられてきたのかを紹介する。日本においては、特に、日清・日露戦争時代から「非武装・不戦」思想は激しい政治的弾圧を受け、国民全体が〝富国強兵論〟に流されていった歴史も確認される。

『幣原喜重郎の平和論』では、憲法草案づくりにかかわった幣原の思考経緯を紹介する。

９条の提案者が幣原なのか否か、昭和史の謎とされているが、９条誕生の思考過程が幣原の名で、見事に、生々しく表現されている文章を要約し紹介する。

第Ⅲ章　第二次世界大戦と９条の誕生

帝国主義によって第二次世界大戦が引き起こされ、植民地の独立運動がそれに重なり、大規模で複雑な〝戦争の相関図〟となった。帝国主義の一翼を担った日本が無条件降伏した後「ポツダム宣言」「ＧＨＱ」「極東委員会」「日本の帝国議会と内閣」がどのようにかかわって９条が誕生したのか、その経緯を整理した。

第Ⅳ章　朝鮮戦争〝９条の解釈〟の始まり

朝鮮戦争が〝９条の解釈〟の始まりとなった経緯を確認した。その後〝解釈〟が何度も繰り返されたが、そのような解釈の迷路に国民を導いた吉田茂首相の公私の言動も紹介する。

第２部　混乱する９条論議

法的解釈などに関する議論を取り上げる。９条が問われた裁判の判決理由文書や、政府の見解文書などを検討する。〝理屈っぽい〟記述になるのは避けたかったが、〝理屈っぽい〟判決文や政府見解を検討するので、避けられなかった。

第Ⅴ章　憲法の平和主義　国民世論調査が示していること

戦後の世論調査の客観的なデータから、９条に対する国民の意識について整理する。日本国民の多数意見は一貫して「軍隊は必要」であり、「非武装・不戦」の平和主義は多数意見とはならなかったという残念な事実が確認される。また、近年のデータは、９条について〝見解の相違〟〝理解の混乱〟がより深刻になっていることを示している。なぜ、このような世論の現状になったのか、その考察が、二度と戦争という過ちを犯さないために大切である。

第Ⅵ章　失われる司法の独立

砂川事件裁判、恵庭事件裁判、長沼ナイキ訴訟裁判を取り上げた。砂川裁判では、第一審伊達判決と最高裁判決の『判決理由』を検討し、明快な第一審に対して、最高裁判決がいかに論理性の崩れたものであるかを明らかにした。特に最高裁田中耕太郎裁判長の、裁判所法75条違反、憲法37条違反が明らかにされたにもかかわらず、不問とされていることは司法の歴史の大きな汚点である。長沼裁判では、第一審福島判決の勇気を讃えたい。しかし、この裁判を通して司法の独立がさらに崩されていくという、残念な経過も確認せざるを得ない。

第Ⅶ章　９条改憲論と護憲論　議論の所在

今日の９条議論は、混乱が著しい。９条を巡る議論を、論理的に整理することを目指した。

第Ⅷ章　憲法13条が武力行使を認めている?!　論理破壊の『72年見解』

９条議論混乱の最大の原因のひとつは『１９７２年政府見解』である。「憲法13条が、個別的自衛権の行使を認めている」というこの見解を検討し、論理的に崩れていることを明らかにする。この見解の論理的骨格は、現在でも政府見解として変更されていない。政治家は「13条で、国民の生命を守ることが優先されるので、自衛のための武力行使は可能である」と非論理的な解釈をあたかも当然のことのように公言し、少なからずの憲法学者はそれを批判しようともしていない。詳細で徹底的な検討を重視したい。

コーヒーブレイク～橋下徹×木村草太『憲法問答』の危うさ～

大方の議論が済んだところで、橋下徹と木村草太の問答を紹介する。現在の９条議論の混乱を象徴する問答である。

第3部　平和への道

条文解釈ではなく、平和を実現する方策について議論する。人類の歴史は戦争の歴史というべきもので、平和が現実的課題に挙げられた期間はあまりにも短い。人間の意志で、この過去から続く道を断ち切り、新しい道を創造しない限り、「戦争はなくせない」という結論しか出てこない。問題は「過去を断ち切り、未来を切り開く」ことに尽きる。

ティータイム～『暴力の人類史』から学ぶこと～

この労作に対する私の受け止め方を簡単にまとめた。現状認識としては賛成できない点もありながら、平和への展望という意味では貴重な裏付けを与えてくれている。

最終章　平和への道は

本書の議論全体をまとめ、「平和への道」がどのように可能になるのか、その希望をどこに見出すことができるのか、乏しい知識と知恵を絞り出して考えてみた。もちろん、都合の良い結論が簡単に出せるはずがない。世界中の人が知恵と勇気を出さなければ、新しい道はつくることはできないという、困難さが鮮明となった。そして、改めて9条を活かすことの重要性が再認識できた。

あとがきに代えて

今すぐできる直接的行動として「**〝人を殺すのはいやだ〟**と発信する世界運動」を提案したい。幾重にも積み重なった既成事実を跳ね飛ばして平和を実現するためには、大多数の人々の直接運動が必要である。この運動の提案説明をもって、あとがきに代えたい。

緊急提案　ウクライナ戦争終結提案の試み（未完成）

もう、これ以上犠牲を出すことはできない。9条の、民主主義、「非武装・不戦」の立場から、未来につながる終戦提案を試みる。

9条はどこに行った◆目次

第2部　混乱する9条論議

第1部

議論の前に

第1部では9条を議論するにあたって、必要と思われる知識を整理する。

第Ⅰ章　憲法9条　子どもたちにどう教えてきたのか

これから成長していく若い世代に何かを教えるとき、私たちは熱意と素直な気持ちで問題に向き合うことができる。白紙の考え方を持つ若い世代には、正しく問題が伝わってほしいと願うからである。

次に紹介する『あたらしい憲法のはなし』という冊子から、執筆者のそのような気持ちを感じることができる。１９４７年、文部省発行の中学１年生向けの教科書である。本書では、抜粋での紹介になってしまったが、いろいろな出版物で全文が紹介されている。

２０２３年現在の教科書を、２種類紹介したい。発行部数第４位と１位の教科書である。憲法は『公民』という科目の中で、中学３年生が学ぶことになっている。

ふたつの時代の教科書を比較して、私は感じることが多かった。この章ではあえて直接的に論評はしなかったが、後続の章の記述に活かしている。

また、文科省検定を通過した現在のふたつの教科書の間でも、編集者の考えの違いを少しは感じることができる。

1　『あたらしい憲法のはなし』（1947年 文部省）

一　憲法

みなさん、あたらしい憲法ができました。……憲法というものはどんなものか……じぶんの身にかかわりのないことのようにおもっている人はないでしょうか。……それは大きなまちがいです。

……国を治める……ためには、いろいろ規則がいるのです。……いちばん大事な規則が憲法です。……もしみなさんの家の柱がなくなったとしたらどうでしょう。家はたちまちたおれてしまうでしょう。……柱にあたるものが憲法です。……国でいちばん大事な規則は、……いちばん高い位にある規則ですから、……「最高法規」というのです。……

……前文には、だれがこの憲法をつくったか……どんな考えでこの憲法の規則ができているか……記されています。みなさんが憲法をよんで、その意味を知ろうとするときに、手引きになることです。……憲法は、……前文にある考えと、ちがったふうに考えてはならない……これからさき、この憲法をかえるとき……前文に記された考え方と、ちがうようなかえかたをしてはならない……。

……前文の考えというのは……「民主主義」と「国際平和主義」と「主権在民」です。……「主義」というとなんだかむずかしくきこえますけれども……主義というのは、正しいと思う、もののやりかたのことです。……

六　戦争の放棄

みなさんの中には、……戦争に、おとうさんやにいさんを送りだされた人も多いでしょう。ごぶじにおかえりになったでしょうか。……こんな戦争をして、……ただ、おそろしい、かなしいことが、たくさんおこっただけではありませんか。戦争は人間をほろぼすこと……、世の中のよいものをこわすことです。……こんどの戦争をしかけた国には大きな責任があるといわなければなりません。……

そこでこんどの憲法では、日本の国が二度と戦争をしないように、二つのことをきめました。その一つは、兵隊も軍艦も飛行機も、およそ戦争をするためのものは、いっさいもたないということです。……これを戦力の放棄といいます。……しかしみなさんは、けっして心ぼそく思うことはありません。日本は正しいことを、ほかの国よりさきにおこなったのです。世の中に、正しいことぐらい強いものはありません。

もう一つは、よその国と争いごとがおこったとき、けっして戦争によって、相手をまかして、じぶんのいいぶんをとおそうとしないということをきめたのです。……なぜならば、いくさをしかけることは、けっきょく、自分の国をほろぼすようなはめになるからです。また、戦争とまでゆかずとも、国の力で、相手をおどすようなことは、いっさいしないことにきめたのです。これを戦争の放棄というのです。そうしてよその国となかよくして……日本の国は、さかえてゆけるのです。……

十一　司法

「司法」とは、争いごとをさばいたり、罪があるかないかをきめることです。……裁判所は、……ただ憲法と国会のつくった法律とにしたがって、公平に裁判をしていくものであることを、憲法できめております。ほかからは、いっさい口出しをすることはできないのです。……これを「司法権の独立」といいます。……

こんどの憲法で、ひじょうにかわったことは……裁判所は、国会でつくった法律が、憲法に合っているかどうかをしらべることができるようになったことです。……裁判所はたいへんおもい役目をすることになりました。……私たち国民は……裁判所を、じぶんたちの権利や自由を守ってくれるみかたと思って、そんけいしなければなりません。

……（最終は十五まで）

この教科書は１９４８年から２年間使われたが、１９５０年、朝鮮戦争が始まると副教材に格下げされ、１９５１年から使われなくなった。

２　現在の教科書（中学３年生向け）

（１）『中学生の公民』

『中学生の公民』（帝国書院　約13万部〈12・３％〉発行　２０２０年　文部科学省検定済）は総２３５ページの教科書で、憲法の章36ページのうち２ページが平和主義にあてられている。平和主義のページの本文は、以下のようになっている。

憲法９条に込められた決意

日本は、第二次世界大戦中、アジアや太平洋の国々に多大な戦禍を与えました。また、国内においても、全国各地での空爆、沖縄での地上戦、二度の原爆投下など、大きな被害を出しました。これらを踏まえて、日本国憲法の前文では「再び戦争の惨禍が起こることのないやうにすることを決意」すると宣言しました。さらに、９条で、国際紛争を解決するための武力行使と戦争を放棄するとともに、それを達成するため、戦力と交戦権を持たないことを規定しました。この平和主義の規定は、日本の国家権力に向けたものであると同時に、武力行使に関する日本の立場を海外に向けて示す外交宣言でもあります。

憲法9条の意味

政府は、9条は武力行使を一切禁止しているようにみえるが、前文や13条は国民の平和的生存権や生命・自由への権利を規定しており、日本が武力攻撃を受けた場合に自衛のために武力を行使するのは、例外的に許されると解釈してきました。この政府解釈に基づき、自衛のための必要最小限度の実力として、自衛隊が組織されています。

2014（平成26）年に、政府は、集団的自衛権に基づく武力行使について、密接な関係にある他国への武力攻撃により日本の存立が脅かされて国民の生命や自由に明白な危険があり、他に国民を守る手段がない場合に、必要最小限度認められると憲法解釈を見直しました。翌年には、そのための法律も制定されました。

これに対しては、日本に武力攻撃がない段階での武力行使は、国民の生命や自由への権利では正当化できないとの批判もあります。また、自衛隊の設置が9条に適合しないという見解もあります。

日本国憲法と自衛隊

自衛隊は、日本に対する武力攻撃への対応のほか、大災害への対応や、国際的な海賊対策、国連ＰＫＯへの参加、他国の軍事活動の後方支援などを任務とします。また、日本は、アメリカと日米安全保障条約を結んでいます。

侵略があった場合に自衛を目的とした措置を取ることを例外的に認めているとはいえ、平和主義は憲法の大原則です。これまで、政府は、非核三原則や防衛費の抑制など、平和のための政策を採用してきました。その結果、経済発展に予算を割くことができたという評価もあります。第二次世界大戦後、日本は、他の国を武力で侵略することはなく、武力攻撃を受けることもありませんでした。将来に向かって、憲法９条をどのように位置づけ、平和のためにどのような努力をすべきかは、国民全体で考え続けるべき課題です。

この教科書は、本文以外の客観的資料や写真が比較的充実している。客観的資料としては次のような、解説や年表、政府見解の変化などが記載されている。

①個別的自衛権と集団的自衛権の違いの図解的説明（紹介略）

②自衛権を巡る主な経緯（抜粋して紹介）

１９４６年　自衛のための戦争を否定（吉田茂首相の国会答弁）
１９５４年　個別的自衛権を容認（鳩山一郎内閣の統一見解）
１９７２年　集団的自衛権の行使は憲法上許されない（田中角栄内閣の政府見解）
２０１４年　集団的自衛権の容認（安倍晋三内閣の閣議決定）
２０１５年　平和安全法制が成立

③自衛隊の歩み（自衛隊の任務の広がりに着目してみよう）（抜粋して紹介）

１９５０年　警察予備隊（自衛隊の前身）発足
１９５４年　自衛隊発足
１９８７年　防衛費のＧＮＰ比１％突破
１９９２年　カンボジアＰＫＯに自衛隊派遣
２００１年　テロ対策……で自衛隊をインド洋に派遣
２００２年　東ティモールＰＫＯに自衛隊を派遣
２００４年　陸上自衛隊をイラクに派遣（２００６年まで）

（２）『新しい社会　公民』

『新しい社会　公民』（東京書籍　約70万部〈63・2％〉発行　２０２０年3月　文部科学省

検定済）は総２５５ページの教科書で、憲法の章38ページのうち２ページが平和主義にあてられている。平和主義のページの本文は、以下のようになっている。

平和主義と憲法第９条

日本は、太平洋戦争で多くの国々、なかでもアジア諸国の人々に対して多大な損害をあたえ、日本の国民も大きな被害を受けました。そこで、日本国憲法は、戦争を放棄して世界の平和のために努力するという平和主義をかかげました（憲法第９条）。第９条２項は、陸海空軍などの戦力を持たず、交戦権を認めないと定めています。

日本は国を防衛するために自衛隊を持っています。この自衛隊が憲法第９条に反しないのかという点について、政府は、主権国家には自衛権があり、憲法は「自衛のための必要最小限度の実力」を持つことは禁止していないと説明しています。

日米安全保障条約と集団的自衛権

日本は防衛のために、アメリカと日米安全保障条約（日米安保条約）を結んでいます。この条約は、他国が日本の領域を攻撃したときには、日本とアメリカが共同で対応することを約束しています。そのため日本は、アメリカ軍が日本の領域に駐留することを認めており、沖縄を中心に、各地にアメリカ軍基地が設置されています。

２０１５（平成27）年には、日本と密接な関係にある国が攻撃を受け、日本の存在にも危険がおよび、ほかに適当な手段がない場合、攻撃国に対して必要最小限度の集団的自衛権を行使できるとする、法改正が行われました。これに対して、憲法９条で認められる自衛の範囲を超えているという反対の意見もあります。

自衛隊の国際貢献

自衛隊は近年、日本の防衛だけでなく、さまざまな国際貢献の活動を行っています。例えば、国際平和協力法（ＰＫＯ協力法）に基づいて、ハイチや南スーダンなどでの国際連合の平和維持活動（ＰＫＯ）に参加してきました。こうした活動は、武力の行使にならない範囲で行うことが国際社会から求められています。

また、東日本大震災といった自然災害などが起こったときに、国民の生命や財産を守る災害派遣も、自衛隊の重要な任務です。

本文外の説明文として、集団的自衛権について次のような記述があるが、政府解釈の変化の経緯を示す具体的な資料は付けられていない。

集団的自衛権

自国は攻撃を受けていなくても、攻撃を受けた同盟関係にある国の防衛活動に参加する権利を、集団的自衛権といいます。国際連合は集団的自衛権を認めていますが、日本の政府は、憲法上、集団的自衛権は使えないとしてきました。しかし、２０１４年に限定的に使えるという見解に変更し、２０１５年には安全保障関連法が改正されました。

第Ⅱ章　「非武装・不戦」思想の源流へ遡る

人類の歴史は戦争の歴史であった。心ある思想家は戦争を忌み、戦争をなくす道を模索してきた。日本国憲法9条は、その模索の中で生まれた。

この章では、平和を語った思想家、新聞や書物、組織、条約などを紹介する。羅列的な記述になってしまったが、9条の「非武装・不戦」につながる確かな思想の流れの存在を確認したい。

1　平和を唱えた思想家、書物、組織

古代中国の書

民を貧しくし、財を傷めるは、兵より大なるはなし『管子』

兵の廃すべくして廃せざるは、古今の惑いなり『管子』
兵は凶器なり、争いは危事なり『漢書』
戦いは逆徳なり『史記』

墨子

人をひとり殺せば死刑になる。10人殺せば10回分の罪、100人殺せば100回分の罪になる。ところが他国を攻撃するという最大の罪に対してはそれをほめ讃える。小さな罪の判断はできても最大の罪を讃える者は、正義と悪の区別がついていない。

ルソー（『永久平和案批判』1782年）

君主制の下で、君主は国外に支配力を拡大し、領土を拡大することに利益を見出す。領民にとって、戦争は勝っても負けても大きな犠牲を伴うのみであり、得るものは何もない。戦争で利益を求めるのは領主側にいる人間だけである。戦争をなくすには、主君制ではなく人民が主権者となることが必要である。

カント（『永久平和のために』1795年）

「死においてのみ人は戦いをやめる」というのが人間の自然状態であるとしても、それを変えるのは、法的状態や権利状態を整える人間の不断の努力である。諸国家連合や、国際法による平和確保が可能である。

常備軍は、存在そのものが必ず際限のない軍備拡張につながる。常備軍の本質は、人間を殺人という目的のための手段にしてしまうことにある。常備軍による〝平和維持〟（戦争回避）は国民に大いなる負担を課すことになる。

国民は戦争を望まないから、戦争をなくすためには共和制でなければならない（この主張はルソーと共通）。

トルストイ

悪をもって悪に抗することなかれ。武力行使に抗して武力行使をすれば、必ず相手は武力行使を強め、悪循環が増長される。戦争に抵抗する手段としては、兵役拒否、軍隊や武器をつくるための租税納入を拒否すべき。

このようなトルストイの非戦思想は、それに共鳴する**北村透谷**らによって日本人に紹介された（１８９２年）。

ガンディー

ガンディー（１８６９年～１９４８年）の平和思想は、国の政策に関するものに限られたものではなく、不条理を正すための行動原理としての非暴力であった。不条理を押し付ける側は、暴力や数の力で条理を押さえつける。従って、不条理は暴力と一体化するが、それに対抗して、暴力を否定し「条理の力で不条理を正す姿勢を貫く」というのが、彼の思想である。彼がインドの独立運動の中で実践した行為は、まさにその思想を体現している。

彼の思想は、日本では「非暴力・不服従運動」と呼ばれ、英語では「Passive resistance（直訳では受動的な抵抗）」と表現されているが、ガンディー自身は「サッティヤーグラハ」と名付けた。その名の通り「数の力でも暴力でもなく、真理（サッティヤ）の力を主張（グラハ）する運動」と理解するのが、彼の活動を評価するのに最もふさわしいと思われる。

だからこそ、彼の思想は、反戦運動だけでなく、あらゆる不条理を告発し、正す運動の象徴になることができた。アメリカ公民権運動の**キング牧師**（１９２９年～１９６８年）、フィリピンのマルコス独裁政権に対峙した**ベニグノ・アキノ**（１９３２年～１９８３年）、ミャンマー民主化で軍事政権に抵抗中の**アウン・サン・スー・チー**（現78歳）など、多くの非暴力抵抗活動指導者に大きな影響を与えることができた。

中江兆民

中江兆民は、著書『三酔人経綸問答』（集成社　1887年）において、「豪傑君」「洋学紳士」「南海先生」の問答という形で平和と民主主義を議論している。

「洋学紳士」に平和と民主主義の理想を語らせ、「豪傑君」には当時の富国強兵論を語らせている。洋学紳士は「ヨーロッパ諸国は、自由平等、博愛を掲げながら戦争を繰り返している。日本はアジアの片隅から自由、博愛の境地にとびこみ、要塞を破壊し大砲を鋳つぶし軍艦を商船にし兵卒を良民とし、道徳をきわめ工業技術を研究することで対抗しよう」と語り、豪傑君は「争いは個人の怒り、戦争は国の怒りである。文明国は必ず強国である。軍備は各国の文明の総合力であり、戦争できない国は弱い国である」と語っている。南海先生は「紳士君は民主制度を採用し、敵対意志をあらわす軍備を撤廃し、ヨーロッパ人を越えることで攻撃を避けようとし、豪傑君は外国征伐軍を出し強国になろうとする。ともに現状をふまえていない。国民の知的水準に合った制度・方策でなければ大衆は混乱するだけである。思想は種子であり、畑は脳髄である。種子を畑にまいておきなさい。社会の進化は、そのような種子が育って可能となる」と両者をたしなめている。

平和と民主主義の理想と、目の前の現実である藩閥政治の乖離（かいり）に対する兆民の苦悩が語られていると読むこともできる。

社会民主党の綱領（1901年5月、安部磯雄、片山潜、幸徳秋水らが結成）

理想綱領「万国の平和を来すためには、まず軍備を全廃すること」

行動綱領「……戦争は……文明主義と反対す。……幸いに勝利を得るも、軍人は……専横に陥り……ついに武断政治を行う……不幸にして敗戦の国とならんか、その惨状もとより多言を要するまでもなし……」

8項目の行動綱領の中に、「普通選挙法の実施」と「重要事項は、一般人民の直接投票で決める」が入っていた。「非武装・不戦」という政策が、国民投票制度（直接民主主義制度）とセットにされている。ルソーの平和思想が引き継がれていると言ってもよい。

現在の日本の主要な政党で、国民投票という直接民主主義的制度を政策に掲げている党はない。社会民主党の民主主義思想は、代議制民主主義の不十分性を認識し、国民投票制度を掲げている。民主主義の観点から言えば、〝選挙がすべて〟となっている現在の日本の政党は、当時の社会民主党より後退している。

綱領は『万（よろず）朝報』『報知新聞』『毎日新聞』『労働世界』などの新聞や雑誌に掲載された。**石川三四郎**は、『日本社会主義史』（平民新聞　1907年）の中で、「人々は〝晴天に霹靂（へきれき）を開けるがごとく〟驚きの目を開いてこれを迎えた」と紹介している。社会民主党は、即日、治安警察法違反として結社禁止処分を受けた。

日清・日露戦争・第一次世界大戦時代の「非武装・不戦論」――

戦争の時代には「非武装・不戦思想」と「主戦論・開戦論」が激しく対立する。もちろん、大多数は主戦論であった。自由な議論が続けられていたら、日本の歴史は別の道を歩んでいたかもしれないが、この時代、非武装・不戦論は激しい政治的弾圧にさらされ、表舞台から消されていった。それだけに、この少数派の存在は尊いものであった。

田中正造

足尾鉱毒問題の解決に生涯をかけた田中は、不戦論においても不屈の実践家であった。「野獣は殺伐の戦いをするが、人は言葉をもって戦う」とし、軍備全廃のために（人語をもって）戦うべきと、次のように激しく訴えた。

「……世に非戦を唱える者あれど、（人語をもって）戦う心なき者は常に食わるるのみ」

（１９０２年、41日間投獄される）

幸徳秋水

彼は、軍国主義・帝国主義とつながった〝愛国心の危険性〟について声を大にして告発し、帝国主義とは〝切り取り強盗〟であると的確に断罪した。

なぜ帝国主義が領土拡張、資源略奪、市場確保などのため他国を侵略しようとするのかについて、社会主義者としての見解を示している。つまり「資本主義の発展によって大多数の勤労者が搾取され、富の分配が公正に行われていないため生産過剰状態となり、市場を奪い合わなければならなくなる」と指摘している。

このように、国内における勤労者の搾取が切り取り強盗の原因であること、戦争を止めるためには富の平等な分配が行われる社会主義が必要であることを、著書『廿世紀之怪物帝国主義』（警醒社書店　１９０１年）で主張している。レーニンの『帝国主義論』の16年前の出版である。１９１１年1月大逆事件で死刑とされた。

内村鑑三

内村は、日清戦争時には、文明のための戦争、平和のための戦争として主戦論を唱えていたが、日清戦争の現実を見るにつけて、自分の見解が間違いだったことに気付き、かつての自分を恥じ、「戦争は人を殺すことである……大罪悪である」として、「不戦論」「戦争絶対的廃止論」に転向した。

「……戦争は戦争を止めるためだと言いますが……戦争は戦争をつくります。……戦争が終わるごとに軍備は拡張されます。……平和のための戦争など……あったことはありません。日清戦争は東洋平和のためとされました。しかるに……さらに大なる日露戦争を生み……日露戦争も東洋平和のためとされました。……これまたさらに大なる戦争を生みました……戦争は飽き足らざる野獣であります。（『日露戦争より余が受けし利益』１９０５年11月）」

　次のような主張も、内村の民主主義に対する理解の深さを表している。

「……もし日本とロシアが衝突するに至るならば、それは日本にあって平和を唱える吾人と、ロシアにあって平和を唱える人が衝突するのではない。……日本の剣を帯ぶる者とロシアの剣を帯ぶる者が……衝突するのである。……名は日露の衝突であれ、実は両国の帝国主義者の衝突である。……衝突のため最も多く迷惑を受けるのは……両国の良民である。……」

　また、日清・日露戦争、第一次世界大戦の歴史を振り返り、次のような著述を発表している（『A New Civilization, The Japan Christian Intelligencer』1926,4,5）。

「……日本が最初にヨーロッパから学んだものが陸軍と海軍であったことは、まことに嘆かわしい……（軍備撤廃論は）非現実的なまぼろしにすぎないと、あなた方は言うだろう。しかし、あなた方のいう武装した文明というのは、現実的であったか。自らその非現実性を証明したのではなかったか。……武装しない平和こそ、唯一可能な平和ではないのか。かつて日本の武士は、……刀を奪われたとき不安を感じたが、……奪われてみると、かえって以前より安全を感じた……私の愛する祖国は……明治の政治家の指導のもとで……文明とは言えない西洋文明をそっくりそのまま受けいれてしまった……今こそ……眠りから醒め……膨大な軍事予算をともなう西洋文明は完全に放棄されなければならない。日本は新しい文明……戦争のない文明を始めなければならない。……日本が国家の武装解除を宣言し、……全世界に新しい文明を招来しうるなら、それはなんとすばらしい日であろう」

ここには、日本国憲法９条に直結する思想が述べられていた。日本国憲法制定のちょうど20年前の著述である。

「主戦論・開戦論」の盛り上がりと、「非武装・不戦論」への弾圧強化――

福沢諭吉（主戦論）

「日清戦争は文明と野蛮の戦争なり」「吾輩の目的はただ戦勝あるのみ、戦争に勝利を得て、わが国権を伸ばし、われわれ同胞の日本国人が世界に対し肩身を広くするの愉快さえあれば、内はいかなる不平不条理あるもこれを論ずるいとまあらず」（『日本臣民の覚悟』１８９４年８月）と戦意高揚を訴える。

「非武装・不戦」思想の源流をさかのぼるのが私の目的であるから、ここでは典型的主戦論者としては、福沢諭吉だけを紹介する。この時代は、このような主戦論が圧倒的多数派を形成していた。

新聞世論とその変化

『**万（よろず）朝報**』では、**内村鑑三**、**幸徳秋水**、**堺利彦**らが開戦反対の論陣を張っていたが、１９０３年11月に新聞の立場として開戦論に転じる。内村、幸徳、堺は退社した。内村は**月刊誌**『**聖書の研究**』で非戦論を展開した。幸徳、堺は『**平民新聞**』を創刊するが、１９０５年１月廃刊に追い込まれた。１９０７年に再刊するが、同年75号で、弾圧によって廃刊となった。**大杉栄**らは１９１４年**月刊**『**平民新聞**』を刊行するが、第６号で廃刊に追い込まれた。また、『**毎日新聞**』は、１９０３年10月に開戦論に転じる。

このようにして、非戦論は表舞台から姿を消され、主戦論を説く『**国民新聞**』などの主要メディアの論調に国民全体が同調していった。

この時代、非戦論者は極めて少数であり、政府からはあらゆる暴虐と迫害を受け、それを背景に国民からも非国民扱いされるようになった。この状態が第二次世界大戦の大惨事終了まで続いた。

水野広徳（日露戦争に参戦の軍人で、元々は軍備増強論者だった）

「およそ戦争を防ぎ、戦争を避くるの途は一にして足らぬであろうとは言え、……各国民の良知と勇断による軍備の撤廃にあるのみである。国際連盟の唱える軍備縮小の如きは……戦争を絶滅するの途ではない。人類は今に於いて平和に目覚めなければ〝更に恐るべき戦禍〟に苦しまねばならぬであろう……我国は列国に率先して軍備の撤廃を世界に向かって、提唱すべきである。これが日本の生きる最も安全の策であると信ずる。」（1919年ベルリンにおけるスピーチ）

太平洋戦争開始の20年以上も前のスピーチであるが、彼が心配していた〝更に恐るべき戦禍〟が現実のものとなってしまった。

2　パリ不戦条約（1928年）の意義

パリ不戦条約（締結国63か国　第1～3条　第3条は略）

第1条「国際紛争解決のため戦争に訴えることを非とし、かつその相互関係において国家の政策の手段としての戦争を放棄することを、その各自の人民の名において厳粛に宣言する」

第2条「締約国は、相互間に起きる一切の紛争または紛議は、その性質または起因のいかんを問わず、平和的手段によるのほか、これが処理または解決を求めざることを約す。

この条約は、現在も、国際条約として生き残っている条約である。各国が独自の留保条件を外し、条文をそのまま受け入れれば、世界平和が即座に実現される条約である。

不戦条約の影響を受けてつくられた憲法（日本国憲法以外で）

1931年、スペイン憲法（第6条「スペインは、国家の政策の手段としての戦争を放棄する」）

1935年、フィリピン憲法（第2章第3条「フィリピンは、国家の政策の手段としての戦争を放棄し、一般に受諾された国際法の諸原則を国内法の一部として採用する」）

(1) 条約実現に貢献した論者

ショットウェル（カーネギー平和財団委員長）

「国策の手段としての戦争の放棄」を主張。ただし、自衛・制裁戦争は認める立場であった。

レヴィンソン（シカゴの弁護士）

自衛のための戦争を含め、すべての戦争禁止を主張。私財を投げ打って不戦運動を推進し、「不戦条約の真のヒーロー」と評価されている。

ジョン・デューイ（哲学者）

「国際連盟がいかに戦争の違法化を目指しても、自衛・制裁戦争を認めていることによって、戦争を問題解決の手段として維持することになり、戦争をなくすことはできない。いっさいの戦争の違法化を実現しなければならない」と主張。また、条約が「人民の名において戦争を違法化」していることの重要な意義を指摘している。

史上最大規模のデモが繰り返されたアメリカでの戦争違法化の市民運動の高まりと相まって、このような議論が行われ、不戦条約が締結された。

日本における、不戦条約の意義を訴える論者を紹介しておきたい。

鹽津《しおづ》誠作《せいさく》（国際情勢ジャーナリスト　１８７６年～１９３２年）

鹽津は、「今の段階で速やかに軍事全廃を行わなければ、次の世界大戦で、この地球上の、人類と文明は破滅に瀕するであろう」（『外交時報』第５６１号〈１９２８年〉「軍備縮小より全廃へ」外交時報社より）と、条約が留保条件なしで実現されるべきであると訴え、さらに各国の憲法（日本の場合は大日本帝国憲法）もパリ不戦条約に合致するよう改正すべきであると訴えた。

まさに、鹽津が懸念した文明の破滅が、実際に起きてしまった。

（2）条約内容の画期的な意義と締結の弱点

不戦条約締結以前は、国家間の紛争は戦争で決着がつけられることが当たり前であったが、条約はそれを違法とした。さらにそのことを各国の「人民の名において宣言する」とした。戦争が違法であることを、戦争に駆り出され、最もその被害を受ける人民が宣言するとしている。この点が、この条約文の画期的なところである。

ただし、不戦条約が、実効性において弱点を持っていたことも事実である。この条約成立を推進してきた論者の中にも、自衛のための戦争は違法ではないとする論者（ショットウェルなど）が混在していた。不戦条約以前は、戦争そのものが違法とはされていなかったので、侵略戦争と自衛戦争の区別は意味がなかった。戦争が違法とされた時点で初めて、「自衛戦争と侵略戦争の区別が必要」という主張も生まれてきた。

ただし、条文としては、自衛と侵略を区別するような内容ではない。2条では「…一切の紛争は、その原因によらず、戦争ではなく平和的な手段で解決しなければならない…」と書かれているので、第2条と第1条を整合的に読めば、曖昧な点は解消されている。

弱点は、条文ではなくて、各国の調印の仕方にあった。各国は、反戦世論に押されて調印したが、不戦条約を全面的に受け入れたのではなく、留保条件を付けながら受け入れた。例えば、アメリカは「(条約締結後も)自国の領土を攻撃または侵入から守る自由を持ち……自衛戦争に訴えるか否かを決定する権限を持つ」と表明した。多くの国も、アメリカにならって、自衛権についての留保条件など、独自の条件を付けて調印した。

自衛権という概念は、それ自身が紛争の種でもある。例えば、「5族(和・韓・満・蒙・漢)協和」を掲げて満州国をつくった大日本帝国にしてみれば、自らが建国した満州国を守るための戦争は自衛戦争と主張できるし、実際そう主張して戦争に突入した。中国にしてみれば、日本の関東軍を後ろ盾とした満州国の存在自身が侵略であるから、自衛戦争である。このように、自衛を主張する国同士が戦うということになったのである。

各国はそれぞれの思惑から、自衛ということに関する留保条件を付けて、この条約に調印した。これが不戦条約の本質的な弱点であった。

不戦条約は、「戦争は違法である」ことを、「各国人民の名において宣言」している。このことは、戦争を起こさせない力は成熟した民主主義であるということを訴えている。戦争は、少数の権力者のために、少数の権力者によって起こされてきた。圧倒的多数の人民にとっては、勝っても負けても戦争は大きな犠牲を伴う悲惨な出来事以外の何ものでもない。「人民が主権者として機能するならば、戦争は起こさない」という、ルソー由来の思想が不戦条約に引き継がれている。

　日本政府も多くの国の政府と同じように、この条約をそのまま批准することはしなかった。日本政府が最も敏感に反応したのは、この「人民の名において」という文言である。日本政府は、「天皇大権を犯す」ので、「人民の名において」という文言は日本には適用されないという宣言を出した。例えば、『外交時報』（外交時報社　１９２８年10月15日号）においては、「不戦条約の思想的背景には、直接民主主義制度への要求があるから、そのまま批准することはできない」と書かれている。

「天皇大権」とは、もちろん「人民主権」、特に「直接民主主義制」に真っ向から対立するものである。少数の権力者が天皇の名を借りて、国家の重要事項を思うように操るための「錦の御旗」が「天皇大権」である。太平洋戦争も、一部の好戦的な軍部によって、御前会議を経て「天皇の名において」開始された。開戦決定のみならず、日本では国の一大事はすべて「天皇の名において」決定されてきた。それに逆らう者は、現人神（あらひとがみ）・天皇に逆らう者であり、神国日本国では非国民であるとされてきた。これが、日本型ファシズムの手法であった。

「人民の名において」という文言を認めたがらない当時の好戦的日本政府の反応は、見方を変えれば、戦争をなくすためには直接民主主義的制度が不可欠であることを示している。国の一大事は、少数者に決めてもらうのではなくて、直接国民が決めるべきである（1901年社会民主党綱領）。

不戦条約は、民衆の運動の盛り上がりによって生まれた、極めて深い意義を持つ条約である。各国の調印の仕方に問題があり、実際に戦争を防ぐ実効性に乏しかったという致命的弱点を持ちながら、「戦争が違法なものとして断罪された」こととと、そのことを「各国人民の名において宣言した」こと。この意義は不滅である。

(3) 国連憲章　不戦条約からの〝後退〟

不戦条約に欠けていた実効力を得るためとして、新たな国際組織と国際法が考え出された。国際連合と国際連合憲章である。平和を語る多くの論者でも、国連憲章に批判の矛先を向ける人は少ない。私は、あえて、条文として国連憲章は、平和を掲げた不戦条約から大きく後退したものであると主張する。

国際連合憲章は実効性を求めたのだと思われるが、残念ながら、不戦条約から引き継ぐべき最も重要なふたつの原則を引き継がなかった。国連憲章では「あらゆる戦争の違法化」と「人民の名において戦争を否定する」という、最も重要な思想は消されてしまった。

第二次世界大戦を防げなかったことが、「いかに理想を掲げても、各国がそれに同調しなければ無意味である」と総括され、妥協的な条文に替えられたのであろうか。

国連憲章第1条第1項には、国連の目的として、「国際平和と安全維持のために、平和に対する脅威の除去、侵略行為や平和破壊行為の鎮圧を目的とする。そのために有効な集団的措置を取る」というように書かれている。

この部分は、注意深く読まなければならない。侵略を〝鎮圧〟するのであるから、侵略国の戦力よりも圧倒的に優位な戦力がなければ不可能であるし、措置と言っても侵略を鎮圧できる措置は戦争でしかない。「戦争を起こすようなけしからん国が現れたら、加盟国が戦力を出し合って国連軍を結成し、圧倒的な戦力で叩き潰す」という考え方である。世界を牛耳る帝国主義のボスたちの間では、このような考え方のみが実効性を持つと考えられたのである。日本で言えば、江戸時代の「幕府軍の力で天下泰平を維持する」という考え方と同じである（幣原喜重郎の平和論）。

第1条、42条、43条は併せて読む必要がある。42条43条では、国連安全保障理事会の権限として、国連軍を結成し、必要な軍事行動が行えると決められている。このような条文によって、あろうことか国連軍が大規模戦争のリスクになる可能性が生まれた。実際、国連発足からわずか5年後の朝鮮戦争によって、このリスクが現実のものとなった（第Ⅳ章「朝鮮戦争〝9条の解釈〟の始まり」参照）。

自衛権に留保条件を付けて不戦条約を調印した国が多かったことを配慮し、国連憲章では自衛権についても、より立ち入った論及をしている。第51条で、自衛権（武力による自衛）がどのように認められるのか、原則が示されている。

国連憲章を端的に表現すれば「侵略戦争を自衛戦争と区別し、国連軍が侵略軍を武力で鎮圧する」、「侵略なのか否かは、拒否権を持つ5大国を含めた、15か国の代表からなる安全保障理事会が判断する」、そして「自衛のためであれば、国連軍に頼るだけでなく、各国は単独でも集団でも自衛戦争を行うことができる」ということになる。

結局、哲学者デューイが指摘した通り「戦争を鎮圧するために戦争する」という自己矛盾を抱え、自衛を掲げれば戦争が可能となり、不戦条約から大きく歴史が逆戻りするような内容で国際基準が定着したことになる。

さらに、「各国人民の名において戦争を違法化する」という最も重要な宣言が消え、各国人民の意思ではなく、安全保障理事国（当初11か国、現在15か国）の判断で、紛争への対応の仕方が決められることとなった。大きな後退であると判断せざるを得ない。

国連憲章の弱点は、国連発足の協議がヤルタ会談から始まったという経緯にもかかわりがあると推察される。不戦条約は平和を求める市民運動を背景に締結されたが、ヤルタ会談は、本質的には第二次世界大戦の勝者である帝国主義者による戦後統治の〝ボス交渉〟でしかなかった（第Ⅲ章「第二次世界大戦と9条の誕生」参照）。確かに大戦の勝者である三大帝国主義国が決めたことならば、誰も逆らえない〝実効性〟のあるものになると期待されたのだろう。

朝鮮戦争において、国連軍は戦争を鎮圧できなかった（第Ⅳ章参照）。数百万人以上の人々が犠牲となった。主な犠牲者は兵士ではない。何の罪もない一般市民が犠牲となり、朝鮮半島北部の主要な都市はすべて跡形もなく破壊された。国連軍（主としてアメリカ）が空爆のため用いた爆薬の量は、第二次世界大戦で日本に投下した爆薬の4倍を超えていた。

朝鮮戦争では、さらに重大な危険性が存在していたという歴史的事実が、後に明らかとなった。ひとつ間違えば、戦争は朝鮮半島内で収まらず、第三次世界大戦、核戦争になっていたという恐るべき事実である。重大な危険をもたらそうとしたのは、なんと、国連軍の総司令官マッカーサーであった。国連が戦争拡大の役割を果たしていたかもしれない。国連憲章の矛盾を象徴している出来事である。

3　幣原喜重郎の平和論

憲法9条の「非武装・不戦」条項の発案者は誰なのかという問題は、昭和史最大級の謎のひとつとされている。

マッカーサーは、幣原首相が発案者だとアメリカの上院で証言し（1951年5月）、また回想録（1964年）にもそのように書いている。そして当の幣原は、①1946年3月20日、枢密院において戦争放棄の意義について明確な見解を示し、また、②自伝『外交五十年』（読売新聞社　1951年）でも具体的なエピソードを紹介している。さらに、③平野三郎『幣原先生から聴取した戦争放棄条項の生まれた事情について』（憲法調査会事務局　1964年）が公表され、幣原首相の9条に至る思考過程が、生々しく記述されている。

公式に発表されている幣原発案説に対して、研究者やジャーナリストの中で賛否両論が存在している。賛成論者も否定論者も、膨大な文献調査を経た上での見解である。第Ⅲ章（第二次世界大戦と9条の誕生）の7（迅速だったGHQの憲法草案づくり）で記述するように、アメリカの日本占領統治政策の中には、日本の軍事力放棄の考え方が、選択肢のうちのひとつとして既に準備されていた（戦後計画委員会文書）。

このことを考えるならば、幣原の発案だけで決められたという説には不自然さがつきまとう。ただ、諸研究者が挙げる様々な根拠も決定的なものではない。幣原説についても、確かな否定の理由はない。マッカーサー説にしても、マッカーサーが拒否すれば9条は誕生しなかったのは衆知の事実であるから、発案者を幣原に仕立てる理由はない。確かなのは、発案者が誰であろうと、アメリカが練り上げた占領統治計画の中に選択肢ではあるが「軍の保持を禁止する」という用意があり、その用意の上でマッカーサーと幣原が長時間かけて意見を交換し、お互いに意気投合しなければ、①②③のような記述は生まれていなかったであろう、ということである。

誰が発案したのかという問題も重要ではあるが、発案者の提案に対して、マッカーサーと幣原が共鳴して合意する用意が出来上がっていたという事実がもっと重要である。特に、幣原が語ったこととして文章にまとめている③からは、幣原本人でなければ語れない生々しさ、具体性、気迫が伝わってくる。

ということで、謎とされているのを承知で、私は③を『幣原喜重郎の平和論』として紹介する。

①②③の資料を紹介して、この章の締めくくりとしたい。すべて抜粋・要約である。特に③については、字数の関係で大胆に要約した。主旨を尊重するのはもちろんであるが、言葉は少し変えている。要約の責任は私（東道）にある。

①1946年3月20日、枢密院において戦争放棄の意義についての見解

第9（条）はどこの憲法にも類例はない。日本が戦争を放棄して他国もついてくるだろうか。直ちにそうなるとは思わぬが、日本はこの大旗を掲げて国際社会の原野を単独に進んでいく。原子爆弾は主戦論者に反省を促したが、更に幾十倍幾百倍する破壊兵器が発明される。短時間に交戦国の大小都市ことごとく灰燼（かいじん）に帰し、幾百万の住民が一朝皆殺（みなごろし）せらるる惨状を見るに至らば、列国は目ざめて戦争の放棄を真剣に考えることとなる。

②『外交五十年』の記述

私は図らずも総理の職に就いたとき頭に浮かんだのは、あの電車の中の光景であった。光景とは、敗戦の8月15日、たまたま乗った電車内での乗客の次のような言動の事である。

客の男が「いったい君は、こうまで日本が追い詰められていたのを知っていたか。…政府の発表したものを熱心に読んだが、なぜこんな大きな戦争をしなければならなかったか、ちっとも判らない。勝った勝ったで敵を叩きつけたと思っていると、何だ、無条件降伏じゃないか。俺たちは知らん間に戦争に引き入れられて、知らん間に降参

する。目隠しをされて、屠殺場に追い込まれる牛のような目にあわされた」と言って、他の乗客に向かって大声で叫んだ。そして泣き出した。他の乗客もそうだそうだとさわぎだした。

（私は）憲法の中に、未来永劫……戦争をしないように書き込み、政治のやり方を変えることにした。戦争を放棄し軍備を全廃して、民主主義に徹しなければならん。武器を持たない国でも（相手の武力に）従わなければ勝てる。従わなければ相手は殺すしかないが、国民全員を殺すことはできない。今の戦争で、たとえ兵隊を持っていても殺されるときは殺される。兵隊を持つより軍備を全廃すべきという、不動の信念に達した。

③『幣原先生から聴取した戦争放棄条項の生まれた事情について』の要約

私の一生は平和のために捧げてきたようなものである。憲法改正という大事業を引き受けることになり、二度と戦争が起きない保証を確立したいと決心した。

たくさんの憲法改正案に全部目を通したが、満足できるものはなかった。それで、戦争と平和について根本から考えてみた。人間の歴史は戦争の歴史であった。平和と言われている時代も戦争準備の時代だった。

生存競争は、ダーウィンの進化論で明らかにされた生物の普遍的現象である。人間は生まれ落ちた瞬間から、兄弟が生存競争を始める。同時に外敵と争うためには、兄弟は相互扶助し合い結束する。競争と相互扶助は、切り離せない人間の宿命である。

生存競争を通してのみ進化できると、進化論は教えている。もし、生存競争の延長に戦いがあり、戦争が生物としての人類の宿命なら、どんな憲法をつくっても無駄になるだろう。ヘラクレイトスは「戦争は万物の王である」と語り、ムッソリーニも「戦争を通じてのみ、人類は偉大になる」と語っている。

絶望しかないのかと思いながら、さらに考えを進めた。生物の進化は種の興亡の歴史である。人類も生物である。恐竜は大きくなりすぎて滅んだ。レミングスというネズミは、繁殖が頂点に達すると、一列になって大移動を起こし、海に飛び込み、集団自殺する。動物の〝死の行進〟である。

人類も地球の覇者となり、争いを繰り返し、武器を開発し、人類自身を滅ぼしうる究極兵器、原子爆弾に到達した。人間にも〝死の行進〟が始まったということか。そんなことはないはずだと思いたいが、しかし進化論は科学として否定できない。

ただ、科学とは事実を列挙して見せるだけのものであり、人間を正しい方向に導くものではない。原子爆弾をつくりだした科学者は、今に、声を枯らしてその使用禁止を叫ぶに違いない。科学は原子爆弾をつくることができるが、その使用を止めるのは科学ではなく哲学（倫理）である。繁栄の極みにある時、レミングスのように〝死の行進〟を続けるのか方向転換するのか、決めるのは人間の哲学、人間の意志である。それでは、哲学・人間の意志というものは、信頼できるものなのだろうか。

哲学史をひもといてみた。それは、物質（人間の意志と独立に存在するもの）と精神（意志）のどちらを主とするかという論争、唯物論と観念論の論争の歴史であった。哲学によれば、歴史とはいったい何なのか（人間の精神なのか、そうでないのか）。確かに歴史に一定の方向があり、個々の人間の精神とは独立に流れていくが、人間の精神のないところでは、歴史は綴（つづ）られない。ようやくひとつの確信に達した。人間と遊離した歴史の必然など存在しない。戦争の歴史も平和の歴史も、人間によってどのようにも変えることができる。人間は自分の歴史を描く権利を持っている。

究極兵器の登場によって、人間は戦争進化の頂上に達し、分水嶺にいる。もし引き続き戦争への道を行くならば、人間の歴史は幕を閉じ、反対の道を行くならば、新しい歴史が開かれる。戦争に血塗られた今までを人間の前史とすれば、これからの歴史は人間開花の新史である。今、人間開花の前夜にいる。

人間開花は、戦争のない世界である。戦争をなくすには、生存競争と戦争を区別すればよい。戦争では多くの殺人が英雄的行為と褒められるが、殺人が英雄視されるのは、生存競争と戦争を区別できていないからである。人間を偉大にする競争は、戦争ではない競争である。

では、どのようにして戦争をなくすか。武力を持たないのが一番確実だが、世界がまったく武力を持たないという真空状態を考えることはできない。複数の武力が存在すれば、武力間で必ず軍拡競争が展開され、武力衝突を起こす。

武力が統一されることで、平和が築かれた時代があった。ローマ帝国や、日本では徳川幕府の時代である。徳川幕府は将軍の永久支配というイデオロギーで守られていたが、そのためには愚民政策を採らざるを得なかった。それでも三百年しか持たなかった。いかなる権力も人間の自由な成長を圧殺することはできなかった。この失敗は教訓とすべきである。

現在は、世界はふたつの陣営が戦争の危機をはらみつつ、軍事的対峙を続けている。おそらく第二次世界大戦が人類の全滅を避けて戦うことができた最後のチャンスだった。次の大戦が起きれば、勝者は無く、人類の生存が賭けられた戦争となる。よって、両陣営ともに妥協するしかない。両陣営は最終的にはひとつに融合されるしかない。しかし、問題はどのような経過と時間をかけて、そこに到達できるかである。予想し得ないほど困難な道のりである。成否はひとえに有効な軍縮にかかっている。

自衛のための軍備を認めれば、軍拡の悪循環から戦争は必然となる。「自衛には力が必要だ。自衛のためには相手が持つものはこちらも持たなければならない。最悪の事態になったとしても、悪いのは相手だ。責任は相手にある」と、終わりのない言い合いの果てにぶつかり合う。このように、軍拡は〝死の行進〟の先陣争いであると知りつつ、止めることができない。レミングスの死の行進と同じである。

軍縮が不可能なら世界が一斉に軍備を廃止することしかないが、それももちろん不可能である。どうしようもないのか。人間の意志で、人類滅亡の宿命を変えることはできないのか。

そうだ！　もし誰かが自発的に武器を捨てたらどうだろうか。しかし、これは何という馬鹿げたアイデアだ。武器を持った相手の前に裸の体をさらそうというのか。こんなアイデアを出せば、幣原は気が狂ったと言われるだろう。確かに狂気の沙汰である。

しかし、この時、いろいろな追憶が頭の中を駆けめぐった。自分は何のために戦争に反対してきたのか。今だ。今こそ平和だ。自分は平和の鍵を握っているではないか。今こそしっかりする秋（とき）だ。非武装宣言、確かに狂気の沙汰である。だが、正気の沙汰とは何か。武装宣言・軍拡競争が正気の沙汰なのか。

答えはもう出ている。武装宣言こそ狂気の沙汰である。この考えに達した私はマッカーサーと会う決心ができた。情勢は都合よく展開していた。マッカーサーは天皇制を維持したいと考えていたが、ソ連や豪州は天皇の戦争責任を追及する姿勢であり、困っていた。人間天皇と戦争放棄（非武装）をセットにして実現をめざせば、ソ連や豪州も説得でき、マッカーサーの悩みも解決できるはずだ。

　マッカーサーは渡りに船であることを理解し、彼の力でそれが可能であることも知っていた。私としては松本君（憲法問題調査委員長）らには、私の考えを打ち明けることができなかったことは忍び難く思いながら、やむを得ないこととした。

　マッカーサーにはもうひとつ悩みがあった。日本の非武装化がアメリカの戦略に与える影響である。アメリカは政策として、占領後も日本と政治経済的に同一の立場を期待している。日本が非武装となることはアメリカの期待を裏切ることであり、ソ連を喜ばせることである。マッカーサーの躊躇（ちゅうちょ）は、その悩みが理由であった。

　私はマッカーサーに言った。

「日米親善は、必ずしも軍事一体化ではない。日本がアメリカの尖兵（せんぺい）となることがアメリカのためだろうか。問題は、今やアメリカでもソ連でも日本でもなく世界である。世界が亡べばアメリカも亡びる。日本がアメリカとまったく同じ行動を取れば、誰が世界の運命を変えるのか。世界の滅亡を救う唯一の手段は軍縮であるが、ほとんど不可能と言われている軍縮を可能にする突破口は、自発的非武装化を宣言する国の出現である。そのような国の出現もほとんど空想に近いが、偶然にも日本は、アメリカさえ賛成すれば自発的非武装化が可能な立場にいる。日本をして自主的に、アメリカではできない事（非武装化宣言）をさせることが、世界を救いアメリカも救うただひとつの道ではないか」

マッカーサーは、躊躇の末、私の提案を受け入れた。憲法９条はこのようにして、私とマッカーサーの間で議論され、実現することとなった。

第Ⅲ章　第二次世界大戦と9条の誕生

1　第二次世界大戦はいかなる戦争だったのか　ふたつの視点から

１９３９年９月１日、ヒトラーのドイツ軍とスロバキア軍がポーランドへ侵攻した。これが第二次世界大戦の開始とされている。９月３日には、イギリス・フランスがドイツに宣戦布告し、以後、世界の60か国が、ドイツ・イタリア・日本の三国同盟を中心とする枢軸国陣営と、イギリス・フランス・中華民国・アメリカなどを中心とする連合国陣営に分かれて、人類史上最大の戦争となり、最終盤には地球を壊すことも可能な核兵器が登場した。

この戦争の反省が９条誕生の背景にあったことは間違いない。あの大戦はいったいどのような戦いであったのだろうか。世界中の国や組織がそれぞれの思惑から参戦したあの大戦の本質をとらえるのは至難の業である。ファシズム対反ファシズムという面はあっても、それを本質と見なすことはできない。

私は、ふたつの視点からこの大戦をとらえようと考えている。第一は、「帝国主義国どうしの、領土と権益の争奪戦としての大戦」という視点である。第二は、「帝国主義国どうしの戦争に、植民地の解放を目指す戦い、被抑圧民族の解放戦が重なった、〝戦争の相関図〟」という視点である。

2　帝国主義国の「切り取り強盗」合戦

大戦の〝主役〟は、枢軸国と連合国の主要メンバーであった。ドイツ・イタリア・日本・アメリカ・イギリス・フランス・ソビエトなどの〝主役〟たちはすべて権益を奪い合う帝国主義国であった。

ヨーロッパでは、ドイツとソビエトが独ソ不可侵条約（１９３９年８月締結、１９４１年６月ドイツが破棄）を締結したが、条約には秘密協定があり、それによれば、ポーランドをドイツとソビエトが分割すること、オーストリア併合、バルト三国併合など、ドイツとソビエトによるヨーロッパの分割支配が計画されていた。ソビエトも９月17日、ポーランド侵攻を開始した。イギリスは、ヨーロッパにおいてはバルカン半島での権益を守ること、特にギリシアを重視していた。日本は、度重なる戦争によって、台湾、朝鮮半島を併合し、中国において傀儡（かいらい）国家満州国を〝建国〟し、アジアでの権益拡大を目指していた。アメリカは、独自に〝アメリカの裏庭〟と呼ばれていたラテンアメリカ諸国からの収奪によって、国力を強めてきていた。中南米諸国が、スペインをはじめとするヨーロッパ帝国主義国の植民地支配から解かれると同時に、ヨーロッパ諸国に代わって収奪者として登場した。アメリカ・メキシコ戦争（１８４６年〜１８４８年）でメキシコの領土を切り取り、ヨーロッパのライバル帝国主義国に邪魔されずに〝裏庭で収奪を重ね〟、帝国主義国として力を蓄え、また、太平洋諸国からの収奪で国力を大きくし、第二次世界大戦前にはイギリスを超えて、世界最強の資本主義的帝国主義国にまで上り詰めていた。

　この大戦では、ドイツ・イタリア・日本はファシズム国家として、他の帝国主義国と区別されて評価されることが多い。ただし、ファシズム国家は、〝強大になるのが少し遅れた、格下の帝国主義国〟の中で起きた異常な現象であったという面を忘れてはならない。〝格上の帝国主義国〟に対して不満を持っている〝格下の帝国主義国〟が、「我々が苦しいのは格上の帝国主義国のせいだ。我々にもっと権益をよこせ」と、領土と権益の争奪戦を挑んだ。熱狂的な国民総動員戦時体制で戦わなければ、強敵の格上帝国主義国には勝てない。世界恐慌の影響で、各国では不満と不安が増大し、扇動されやすくなった国民は、より熱狂的に、より好戦的に、より凶暴な主張に惹かれ、ファシズムに流されていった。

３　ヤルタ会談から見える大戦の本質

帝国主義的権益争奪戦という大戦の本質が最もよく見えるのが、ヤルタ会談である。大戦の趨勢がほぼ確定した終盤の１９４５年2月、黒海を臨むクリミア半島の〝岸辺〟の保養地ヤルタで、アメリカのルーズベルト、イギリスのチャーチル、ソビエトのスターリンが、枢軸国降伏後の戦後処理会談を行った。戦争の成り行きを見通した、武力を背景とした駆け引きによって、ヤルタ協定が結ばれた。

ドイツは領土の約23％が削られ、４か国（米・英・仏・ソ連）による分割統治とされ、ソ連の領土が増えた。ソ連が侵攻していたバルカン半島諸国については、スターリンとチャーチルの間で、ヤルタ会談に先駆けて相談され、権益や支配権の配分について合意はできていた。

日本軍の最後の抵抗に手を焼いていたルーズベルトは、スターリンに対して日ソ不可侵条約を破棄し、対日参戦するよう促した。その見返りとして、樺太南部や千島列島のソ連領有を認めた（ヤルタ協定密約）。大戦最終盤におけるソ連軍の対日参戦はこの密約によるものであった。

朝鮮半島は、当面はアメリカとソ連の分割統治とし、その後、南北統一選挙によって政府を樹立するという約束がされた。しかし、スターリンは、北に、独立運動家で抗日パルチザンの指導者であった金日成による政権を立て、南は、独立運動家で大戦中はアメリカに亡命していた李承晩が、アメリカを後ろ盾として政権を立てた。

互いに相手を傀儡政権と批判し合い、日常的な小規模な武力衝突を繰り返していたが、スターリンは、時期を見て金日成に南北武力統一戦争を仕掛けさせた（１９５０年６月25日）。統一的な選挙による政府樹立などという約束は、軍事的制圧という既成事実によって吹き飛ばせると考えられていた。

選挙による政府樹立の約束が反故にされるのは、帝国主義者の戦いではありふれたものである。大戦前、フランスの植民地であったベトナムの事例もそうであった。大戦でフランスが劣勢になると日本軍が侵攻し、日本の降伏後フランスが再び植民地化を狙って、第一次インドシナ戦争が引き起こされた（１９４６年）。植民地化を阻止するベトナムの戦いを経て、ジュネーブ休戦協定が結ばれた（１９５４年）。協定では選挙によるベトナムの政府樹立が約束されていた。このときは、アメリカがこの協定を無視して、南に傀儡政権を立て、ベトナム戦争（１９６４年～１９７５年）につながった。

ともかく、選挙による政府樹立などという建前を信じている帝国主義国の指導者は、誰もいなかった。ヤルタでは、勝者による〝獲物の分配相談〟が、戦況を背景とした駆け引きとともに行われた。たった三人の会談で世界分割統治案が決められたこと自体が、第二次世界大戦の本質を何よりも雄弁に語っている。

４　ソビエト連邦　新しいタイプの帝国主義国

第二次世界大戦で特筆すべきことは、ソ連という新しいタイプの帝国主義国が存在感を高めたという点である。「搾取のない労働者の国」という幻想はほとんど消えているが、「ソ連は社会主義国だった」という誤謬は、未だに広く残っている。

ソ連は、確かに社会主義を目指す国として誕生した。資本主義国家とは異質な、人類史上初めて出現する類の国であった。１９１７年、第一次世界大戦の最中に、「帝国主義によって引き起こされた戦争を内乱に転化し」、「労働者の国家権力を樹立し」、「社会主義革命を達成する」という、レーニン率いるボルシェビキ（後のソ連共産党）の指導によって誕生した。「戦争の即時停止、世界初の８時間労働制、地主制度の廃止」など、社会主義を目指した政策を即時に打ち出し、「搾取のない労働者と農民の国の誕生」として、世界中の被搾取者を励ましたことは事実であった。

しかし、人々の識字率が約20％で、教育や民主主義の発達が遅れていたロシアで、戦争中に、しかも激しい内戦を経て誕生したソビエトには、社会主義実現にとって致命的弱点が残されていた。当時のロシアでは、政治的対立の最終的決着は暴力であった。ソ連誕生後も、レーニンの後を継いだスターリンによって、その傾向は究極まで強められた。反対意見を弾圧するという手法は限りなく広げられ、なんと、対立する党派への弾圧にとどまらず、同志であるはずのソ連共産党員まで粛清した。党員の9割が粛清されたと言われている。

このように民主主義の未発達という致命的弱点を持ったまま、レーニンが目指した「労働者の国家権力」は、「ソ連共産党の権力」に転化し、最終的に「スターリンという独裁者の権力」に転化した。

経済政策についても、スターリンの政策が社会主義の経済政策であるとずっと誤解され、現在もその誤解は解かれていない。スターリンの経済政策の基本は、「①生産手段の個人所有を認めず、国有企業や公有企業とすること」と、「②市場経済を認めず中央集権的国家統制経済とすること」であったが、これらは社会主義にとって必要な条件でもなければ十分な条件でもない。社会主義にとって必要で十分な経済原則は、唯一「搾取の廃止」である。マルクスの理論においても、「労働の搾取のない社会」つまり「働きに応じて報酬が得られる社会」が社会主義社会であるとされている。

①について、マルクス主義者の多くは、今でも「生産手段の個人所有廃止が社会主義の条件」と考えているようである。しかしながら、資本論の論理構成はそのような主張にはなっていない。このことは、私だけが指摘しているのではない。マルクスの書き残した文献を最も多く研究した研究者のひとりが、一般読者向けの著作で「社会主義にとって、生産手段の所有の形態などは問題ではない」（斎藤幸平『人新世の「資本論」』集英社　２０２０年より）と明言している。今後、このような誤解は解かれていくだろう。

②については、誤解が生じる余地のない明確な問題である。社会主義は、市場経済を否定するどころか前提としている。マルクスの労働価値学説・剰余価値学説は市場経済を前提としているが、社会主義になっても労働価値説は適用されるとしている。

スターリンは、社会主義にとって本質的に重要でない制度を、社会主義制度として強制し、反対者を粛清排除した。世界中に社会主義に対する誤解の種をまき散らした責任は、とてつもなく大きい。そして、何より大きな罪は、スターリン主義国家ソ連という、ある意味では資本主義以上に過酷な弾圧的搾取国家をつくったことである。

帝国主義は、資本主義的搾取からのみ生まれるものではなく、資本主義以前からある「他国を抑圧し、他国から収奪する行為」である。国内的に搾取を容認する国家は、対外的には帝国主義国家へと転化する。資本主義的搾取は必然的に帝国主義につながるが、ソ連は資本主義とは異なるやり方で帝国主義国となった。

レーニンの『帝国主義論』よりも16年も前に『帝国主義』を出版（1901年）した日本の思想家、幸徳秋水は「帝国主義とは〝切り取り強盗〟（領土を切り取り、権益を強盗する）」であると的確に表現している。

第二次世界大戦前のソ連は、既に、社会主義国ではなく特殊なタイプの帝国主義国となっていた。ヒトラーとスターリンの「独ソ不可侵条約密約」によるポーランド侵攻・ヨーロッパ分割計画が、ソ連の正体を明確に示している。ドイツとソ連による〝切り取り強盗〟から第二次世界大戦は始まったのである。

ヨーロッパ西部を制圧したヒトラーは、強盗仲間のスターリンを裏切り、ソ連の領土の切り取り強盗をも決行した。そもそも強盗には約束を守るなどという誠実さはない。ヒトラーの世界制覇計画では、広大なソ連内に植民地をつくり、ドイツ人を送り込みスラブ民族を壊滅させるというような幻想を抱いていた。スターリンが、そのことを知らなかっただけである。

スターリンの隙をついたドイツ軍は、最初は優位であったが、ソ連に多くの被害を与えながらも完全制圧することができず、冬将軍に襲われ、兵站を失い、敗走する羽目となった。双方の総犠牲者数は3千万人と言われ、大戦最大の消耗戦となった。米・英帝国主義は反ナチス・反ファシズムの立場から、切り取り強盗の一員であるソ連を軍事支援した。

死闘の末ドイツ軍を敗走させたソ連は、反ファシズムで大きく貢献したとして、連合国側で存在感を高めた。大戦中、ヒトラーとスターリンの密約は知られておらず、〝強盗仲間〟であったソ連が連合国の重要メンバーになってしまった。ソ連の評価の二重の誤り（社会主義国、反ファシズム国）が、戦後の世界を混乱させることとなった。

独ソ不可侵条約に密約があったことが国際的に明らかにされたのは、戦後である。２万人以上のポーランド人を虐殺したカチンの森事件がソ連によってなされたことも、ずっと後まで確定されなかった。

本当に遅まきながら、大戦開始から80年後の２０１９年、欧州議会で「ナチスとソ連というふたつの全体主義体制による密約が第二次世界大戦に道を開いた」という決議が採択された。

戦後、「冷戦」という言葉が、「資本主義陣営と社会主義陣営の対立」を意味するものとして不正確な表現で使われている。私は、「資本主義的な帝国主義とソ連型帝国主義の対立」と表現すべきであると、30年来主張している（東道利廣『「現代」と「その後」の社会』風詠社 ２０２０年より）。社会主義の名誉のためである。

5　翻弄される植民地の独立運動

帝国主義国の切り取り強盗戦争の中で、植民地支配に隙が生じた。支配国が大戦で劣勢になれば民族解放の機運が高まり、解放運動は支配国を倒してくれる国と結び付き、その国の力を借りて独立を果たそうとする動きがいたるところで見られた。

（1）朝鮮半島

朝鮮半島の歴史は典型例である。１９１０年の韓国併合によって日本の植民地となっていた朝鮮半島では、独立を目指す運動が活発化していた。日本の敗北が確定的となっていた時期、ヤルタ会談では、朝鮮半島はソ連とアメリカの分割統治が予定されていた。ソ連の力を借りて日本を追い出し朝鮮半島の独立を目指したのが金日成であり、アメリカの力を借りたのが李承晩であった。

１９４５年の日本の無条件降伏後、北からはソビエト軍、南からはアメリカ軍が朝鮮半島に入った。朝鮮の人々には、ソ連軍もアメリカ軍も救世主に見え、歓喜で迎え入れた。その後の展開は、次の第Ⅳ章（朝鮮戦争〝９条の解釈〟の始まり）で議論することとする。

(2) インドネシアの国歌『Indonesia Raya』

インドネシアの場合は、植民地期間がもっと長く、もう少し複雑であった。日本が大東亜共栄圏の掛け声のもとインドネシアに侵攻したときは、オランダの植民地として厳しい抑圧の下にあった。日本軍が１９４２年２月にジャワ島を制圧したとき、日本軍は欧米列強からの植民地支配を打ち破る救世主と見なされ、アジア人が白人を打ち負かしたという意味でも、インドネシア人から大歓迎された。

当初の日本軍は、インドネシアの民族意識を尊重する政策を採った。オランダの支配下ではインドネシア人は教育も受けさせてもらえなかったが、日本軍は皇民化教育とはいえ、大東亜共栄のためとして教育の機会も与えた。また、日本軍は民族運動の象徴である国民歌『Indonesia Raya（「インドネシア　ラヤ」偉大なるインドネシア）』に対しても敬意を払っているふりをした。オランダはこの歌を歌うことを禁じていたが、日本軍はこの歌を奨励した。

しかし、日本軍の戦況が悪化すると強制労働を強めるなど、抑圧が厳しくなった。兵員不足をインドネシア人からの義勇兵で補い、また、大量の労務者を徴用して過酷な労働を強いた。２５０万人が徴用され、数万人が過労や病気で命を落としたと言われている。オランダ統治時代以上の抑圧に、インドネシア人の不満と反発が大きくなった。そのとき、日本軍は『Indonesia Raya』を歌うことを禁じた。

１９４５年、日本の無条件降伏でインドネシアは解放された。そのとき、連合国側にいたオランダがまたもや植民地にしようと侵攻してきた。帝国主義者はどこまでも強欲である。インドネシアは、４年間の戦いの末にオランダを撃退し、１９４９年、独立を勝ち取った。

歴史の流れというものは、本当に皮肉で複雑、予測不可能なものであるが、このときオランダと戦ったのは、日本軍がかつて組織した義勇軍であった。また、インドネシアに残留していた2千人の元日本軍兵士も義勇軍とともに戦った。

民族運動指導者であったスカルノは、日本統治下では労務者徴用のために日本軍に協力していたが、独立に際して初代大統領となった。彼は後日、「日本軍の命令に従い功績を上げたのは、それによってより多くの譲歩を日本から引き出すための積極策であった」と、都合よく語っている。

『Indonesia Raya』は、インドネシア国歌となった。

(3) フィリピンの独立運動

フィリピンも、16世紀から第二次世界大戦終了までの長期間、帝国主義国に翻弄され続けてきた。長いスペイン植民地時代、抵抗は幾度となく繰り返されたが、19世紀末まで大規模な独立運動は起きなかった。

１８９８年にアメリカ・スペイン戦争が勃発すると、アメリカはスペインに対抗するために独立運動を支援した。１８９９年に独立宣言がなされ、フィリピン第一共和国が成立した。

ところが、アメリカは、スペインから植民地フィリピンを譲渡されたとして、独立を承認しなかった。フィリピンの抵抗活動に対して、アメリカは60万人を虐殺して武力鎮圧し、スペインの植民地だったグアムやプエルトリコと同じように植民地とした。もちろん独立運動は終わることはなく、抵抗の末、自治が認められるなどの進展があり、１９３４年、10年後（１９４４年）に完全独立をする約束に至っていた。アメリカは、独立を認めて搾取的経済関係を維持することで権益を確保する方向に政策転換したのである。

独立を約束されていた直前の１９４１年に、今度は日本帝国主義がフィリピンに侵攻し、翌年にはアメリカを追い出した。日本はフィリピンを独立させるとして、１９４３年にはフィリピン第二共和国が誕生したが、アメリカは傀儡政権であるとして認めなかった。また、フィリピン国民は、解放者と偽る帝国主義者の実態をよく知っているので、日本をアメリカ、スペインと同類と見抜き、歓迎することはなかった。

１９４５年の日本の降伏後、アメリカはもはやフィリピンの植民地化を諦め、約束通りフィリピンの独立を承認した（１９４６年のマニラ条約）。

(4) 敵の敵は、味方か

戦争というのはいつもそのような思考法を生むのであるが、戦っている相手の敵、つまり、敵の敵は味方にしか見えなくなる。しかし、実際はそうではない。帝国主義国が入り乱れた戦いにおいては、敵の敵も味方ではなく敵である。オオカミという野獣に襲われているとき、虎が来てオオカミを追い払ってくれたとしても、虎は味方ではない。オオカミがいなくなれば、虎の餌食になるのである。

多くの民族解放の戦いは、この種の誤謬の犠牲となった。朝鮮もその典型であった。日本による35年間の植民地支配から解放してくれたソ連軍やアメリカ軍を、救世主のように歓迎した。アメリカをファシズムに対抗する民主主義国と見なすのは、とんでもないことである。フィリピンでのアメリカの振る舞いは、帝国主義国の典型であった。また、ソ連を「社会主義国、つまり搾取のない労働者の国であり、帝国主義国ではない」と見なすのも、とんでもない誤りであった。資本主義的帝国主義よりも、もっと露骨で凶暴な帝国主義国であった。

今日、多くの歴史的資料が公開され、明らかにされているからこそ、このような視点からの判断が可能であるが、国民が知り得る情報が圧倒的に少なかった当時は、アメリカやソ連の真実の姿について、大衆は正しい判断をすることが困難であった。

第二次世界大戦の重要な結論は、「主要な参戦国で、正義の国はどこにも存在していなかった」ということである。第二次世界大戦の中で、讃えられる部分があるとすれば、国家レベルの戦いではなく、ファシズムへのレジスタンスの闘い、植民地からの解放、抑圧からの解放という〝目的〟〝志〟だけであると言うしかないのだろうか。そして、多くの場合、目的や志は讃えられるべき美しいものであったとしても、戦争という行為の中でその美しさは変質してしまった。

そして、現代という時代は、そういった解決されていない過去の問題を引きずったまま、問題がより危険な形態で現れている時代と言える。

６　ポツダム宣言、ＧＨＱと極東委員会

帝国主義国日本にとって、第二次世界大戦とはどんな戦争だったのか。

日清戦争で台湾を支配下に置き（１８９５年）、また、日露戦争で朝鮮を併合し（１９

１０年）、さらに１９３２年には満州国という傀儡（かいらい）国家を建国し、欧米の帝国主義国と肩を並べようと〝世界の切り取り強盗合戦〟に挑戦した。

満州国は莫大な権益をもたらしたが、日本の大陸進出は欧米帝国主義者たちの許容限度を超えていた。日本への経済制裁として石油などのエネルギー資源の供給が止められたが、それに対抗して、大東亜共栄圏構想として、石油資源などを求めて東南アジアに進出する方針を採った。そこで欧米帝国主義国と新たな衝突を生むこととなり、太平洋戦争に突入した（１９４１年12月）。

日本型ファシズムによって国民総動員の戦争体制を築き上げた日本ではあったが、中国大陸から東南アジアにわたる広域の軍事支配を維持する力はなかった。日本に限らず、どこの国であっても、広大な地域の軍事的支配を長期にわたって維持するには大きな負担が伴う。ドイツが広大なソビエトに攻め入り墓穴を掘ったのと同じように、日本の敗戦も必然的な結果であった。１９４５年８月、完膚なきまでに敗れた軍国主義日本は、ポツダム宣言を受諾し無条件降伏を受け入れた。武装解除され、アメリカの占領政策に統治を委ねる立場となった。

宣言受諾と同時に、連合国の同意のもとにアメリカのマッカーサー元帥が連合国軍最高司令官に任命され、彼の下で占領政策を行う組織ＧＨＱ（連合国軍最高司令部）がつくられた。１９４５年８月30日、マッカーサーは厚木基地に降り立ち、矢継ぎ早に占領政策を進めた。体制上、ＧＨＱは極東委員会の下部組織であり、極東委員会の指令には従わなければならない立場にあった。ＧＨＱは名目上連合国軍の組織ではあったが、実質的にはアメリカ単独で組織され、アメリカの意向に添った政策を推進する組織であった。

占領軍の日本統治の最高政策決定機関として「極東委員会」が、ＧＨＱに遅れて１９４５年12月にやっと設立された。この委員会は、拒否権を持つ４か国（米・英・ソ連・中国）を含めた11か国（後に13か国）の代表による委員会であった。迅速なＧＨＱに比べて、その上部組織の極東委員会が出遅れたのには理由があった。日本の占領統治機関としては、最初はアメリカ提案の「極東諮問委員会」が権限の弱い組織としてつくられたが、ソ連はそれに反発して参加をボイコットしていた。日本の占領政策を自らの方針で進めたいというアメリカと、それを阻止したいソ連の対立が、極東委員会発足を遅らせたと言える。

このようなＧＨＱと極東委員会は、基本方針において必ずしも一致していたわけではなかった。天皇制の扱いについては、ＧＨＱと極東委員会の拒否権を持っているソ連などの見解が対立していた。

天皇制廃止を主張する数か国に対して、マッカーサーは、占領統治に天皇を活用するのが賢明であると考えていた。彼は、「天皇の言うことならなんでも従う」日本人の習性を感じ取っていた。太平洋戦争開戦の決定も、ポツダム宣言の受け入れも、大事なことはすべて「御前会議」を経て、天皇の名において決められてきた。軍人や政治家の戦争責任を問う声は高まっても、天皇の責任を問う声は高まらなかった。それどころか、天皇が「耐えがたきを耐えて……、連合国に降伏する」と言えば、日本国民もそれを見習って「連合国に従うことに耐えよう」とする。

マッカーサーは、もし天皇制を廃止するようなことをすれば、アメリカの統治政策が大きな混乱を引き起こすことになると判断した。アメリカ本国の意向は、天皇制廃止または改革（国民主権と矛盾しないような改革）であった。マッカーサーは後者を選択し、本国に次のような文書を送っている。

「天皇を起訴すれば、日本人の間に間違いなく大きな動揺を起こす……まず、占領軍を大幅に増やすことが絶対に必要となる……最小限１００万の軍隊が必要となり……しかも無期限にその軍隊を駐屯させなければならない事態もありうる……」（１９４６年1月）

７　迅速だったGHQの憲法草案づくり

ＧＨＱの迅速な占領政策の展開は、周到な準備に依っていた。真珠湾攻撃から1年も経っていない１９４２年８月から、日本の無条件降伏を想定して、戦後の日本統治について、あらゆる分野から研究を開始し、戦後の日本社会改革計画を練り上げていた。日本国憲法に直結する文書は、国務・陸軍・海軍三省調整委員会（ＳＷＮＣＣ）という組織から出されたＳＷＮＣＣ２２８という文書であった。国務省極東班という小さな部署の研究から始まって、三省にまたがる大きな委員会の占領政策として完成されていた。

　このＳＷＮＣＣ２２８の長い文書の最後には、次のような意味深長な記述がされていた。「……諸政策の実施を日本政府に命令するのは最後の手段に限られる……諸政策が連合国によって強要されたものであることを日本国民が知れば、日本国民が将来ともに諸政策を支持する可能性が著しく失われるからである……」

　ＧＨＱの日本統治は、少なくとも次の三個の制限条件の中で行われなければならなかった。①ポツダム宣言を遵守すること、②ＳＷＮＣＣ２２８でまとめられたアメリカ本国の意向を活かすこと、③11か国が参加しソビエトが拒否権を持っている極東委員会からクレームを付けられないことである。

　ポツダム宣言は13条からなり、アメリカ、イギリス、中華民国の三国の名で宣言され、後でソビエトも追承認した宣言である。アメリカ国務省極東班から始められた膨大な日本統治研究の成果が、この宣言にも反映されている。この宣言は、単に降伏を求めるだけでなく、次の㋐～㋓を基本としている。

㋐日本軍国主義の一掃と、その復活の可能性をなくすこと
㋑日本国政府が民主主義的傾向を強化し、言論や思想の自由など、基本的人権の尊重を確立させること
㋒日本国民が自由に意思を表明し、平和的傾向の強い政府を樹立することを求める
㋓これらが達成されれば、占領軍は撤退する。

現代に生きる私たちは、一読して、㋐～㋓がいかにも不自然な、矛盾とも言える内容を抱えているのに気が付く。「日本の国民が自由に決定するよう、それが達成できるまで占領を続ける」「自由にせよという命令」が占領という力を背景に下されているという矛盾である。もちろん、自由や基本的人権という思想は尊いものであり、それに異を唱える必要はない。しかし、「自由」が「軍事力を背景とした命令で与えられる」こと自身のおかしさは考えざるを得ない。アメリカという帝国主義者による自由と民主主義の限界と言ってもよいだろう。アメリカの占領政策の基本文書（ＳＷＮＣＣ２２８）の最後の意味深長な文章は、この矛盾を可能な限り目立たなくするための、現実的配慮であった。

マッカーサーは退任した後、日本人評として次のような有名なコメントを残した。

「……我々欧米人が40歳の大人であるとしたら、日本人は12歳の子どもである」

この発言の具体的に意味するところは確かではないが、思い当たるところは大いにある。

戦争を決断した天皇に対する日本人の態度もそうであろう。占領軍を平和と民主主義の使者のように見なし、マッカーサーの銅像をつくる話まで出てきた無邪気な反応もそうであろう。「命令として与えられた自由と民主主義」を、大した抵抗を示さず受け入れたこともそうであろう。それらは、戦前の日本が、いかに不自由で、非民主的で、個人の判断力を尊重しない社会であったかということを実証していると理解する以外にない。

与えられたものであったとしても本当に自らの血肉にすれば、確かな力となることはあり得る。しかしながら、戦後の９条を巡る国民世論の変化は、与えられた「自由と民主主義」、与えられた「平和主義」を、日本人は自らものとできていなかったということを、残念ながら示している（第Ⅴ章「憲法の平和主義、国民世論調査が示していること」参照）。やはり、自由と民主主義は自ら勝ち取るものである。もちろん、今からでも遅くはない。

ＳＷＮＣＣ２２８の関連文書に、憲法９条に直結するような文書が存在しているのは注目に値する。「戦後日本に陸海軍を保持させるべきでないという広範な合意が、ＰＷＣ（戦後計画委員会　ＳＷＮＣＣの実務を担う下部組織）に存在している。それにもかかわらず、もし日本が何らかの軍事機構を後に認められるようになれば、その場合、軍部大臣の武官制を廃し、文民制とすることが絶対に必要である。（１９４４年のＰＷＣの文書）」と書かれている。つまり、軍隊を廃止することは、アメリカの基本方針として、１９４４年の時点で選択肢に挙げられていたということである。

天皇制についての記述も注目すべきである。ＳＷＮＣＣ２２８の記述であるが、「日本人が、天皇制を廃止するか、民主主義的方向に改正するよう奨励しなければならない。日本人が天皇制を維持すると決定したときは、天皇は軍事的機能をすべてはく奪されなければならない。また、天皇はいっさいの重要事項について、内閣の助言においてのみ行動するものとする」となっている。これは象徴天皇制として実現された。

　ともかく、ＧＨＱは、アメリカの基本方針文書ＳＷＮＣＣ２２８に添って日本の社会改革を迅速に進めなければならなかった。極東委員会のソ連に拒否権を使わせないようにするためには、日本政府が自らの手で明治憲法を改正する形で、アメリカが許容できる内容の新しい憲法を制定させることが必要であった。

　日本政府に憲法草案をつくらせなければならない。まずは、東久邇内閣で近衛文麿がその任に当たったが、民主主義への理解が足りない近衛の手には負えないことが明らかとなり、また、近衛が戦争犯罪容疑者であることで、アメリカ国内外から大きな批判が起きた。近衛はその任を解かれ、戦争犯罪容疑者として出頭を命じられていた12月16日、服毒自殺した。近衛の作業と並行して、幣原喜重郎内閣の下で憲法問題調査委員会が松本烝治を委員長として発足し、憲法草案を検討することとなっていた。

　新しい憲法として、民間から発表された草案は十数種類であると言われている。明治憲法が制定されるときは民間からの草案が68種あったと言われているので、それと比べればかなり少ない。主要政党からも案が出されていた。ＧＨＱは高野岩三郎らがつくった憲法研究会案に特に関心を持ち、「民間の案を土台にして、満足のいくような憲法案をつくることも可能である」というような判断もしていたようである。

しかし、ＧＨＱにしてみれば時間との戦いでもあった。極東委員会が口出しできないように、早く〝日本政府の手で〟草案ができたというようにしなければならない。政府に任せていたのでは、いつになるか見通しが立たない。憲法問題調査委員会の案は、甲案と乙案が、１９４６年1月になってやっとできたが、両案とも保守的すぎて、とても期待できないことがわかった。

やむなくマッカーサーは、先にＧＨＱで草案をつくり、それをもとに日本政府の案に仕上げさせるしか方法はないと考えた。１９４６年２月３日、極秘裏に25人のメンバーを招集し、２月４日～２月12日の９日間でＧＨＱ草案をつくるように指令を出した。基本文書のＳＷＮＣＣ２２８や民間の憲法草案など、資料は集められていたとしても、一国の憲法案をこの短い期間で仕上げるのは至難の業であっただろう。秘密を漏らすことなく、25人の精鋭メンバーは目的を果たした。

戦争放棄の条項に関しては、２月３日の段階では、マッカーサーは憲法改正の原則として次のような三原則を示した。いわゆる「マッカーサーノート」「マッカーサーの三原則」と言われるものである。

一　天皇は国の最高位の地位にある。
皇位は世襲される。
天皇の職務および権能は、憲法に基づき行使され、憲法に示された国民の基本的意思に応えるものとする。

二　国権の発動たる戦争は、廃止する。日本は、紛争解決のための手段としての戦争、さらに自己の安全を保持するための手段としての戦争をも、放棄する。日本は、その防衛と保護を、今や世界を動かしつつある崇高な理想に委ねる。
日本が陸海空軍を持つ権能は、将来も与えられることはなく、交戦権が日本軍に与えられることもない。

三　日本の封建制度は廃止される。
貴族の権利は、皇族を除き、現在生存する者一代以上には及ばない。
華族の地位は、今後どのような国民的または市民的な政治権力も伴うものではない。
予算の型は、イギリスの制度にならうこと。

この原則に従って憲法草案がつくられた。とはいっても、たったこれだけの原則からだけで草案ができるわけはない。ＳＷＮＣＣ２２８を主として、ポツダム宣言、国連憲章などの国際条約と矛盾しないように整えられ草案がつくられた。

天皇の条項と戦争放棄の条項に関して、ＧＨＱ案（外務省仮訳）は次のようになっている。

第一章　皇帝

第一条　皇帝ハ国家ノ象徴ニシテ又人民ノ統一ノ象徴タルヘシ彼ハ其ノ地位ヲ人民ノ主権意思ヨリ承ケ之ヲ他ノ如何ナル源泉ヨリモ承ケス

第二～七条（略）

第二章　戦争ノ廃棄

第八条　国民ノ一主権トシテノ戦争ハコレヲ廃止ス他ノ国民トノ紛争解決ノ手段トシテノ武力ノ威嚇又ハ使用ハ永久ニ之ヲ廃棄ス

陸軍、海軍、空軍又ハ其ノ他ノ戦力ハ決シテ許諾セラルルコト無カルヘク又交戦状態ノ権利ハ決シテ国家ニ授与セラルルコト無カルヘシ

２月13日は、ＧＨＱと日本政府の憲法改正案についての会合の日であった。日本政府としては、２月８日にＧＨＱに提出してあった憲法問題調査委員会の草案についてのＧＨＱ

の意見を聞く機会と考えていた。しかし、保守的すぎる委員会の案を手直しして改正案をつくることを諦めていたＧＨＱにとっては、ＧＨＱ案を示し、それをもとに政府案とするよう指示を言い渡す機会であった。

　ＧＨＱのこの対応で、日本政府が受けたショックがどれだけ大きかったのかは、容易に想像できる。ＧＨＱ側は〝親切〟に次のような〝丁寧な説明〟をしている。

「最高司令官（マッカーサー）は、天皇を戦犯として取り調べるべきだという、他国の圧力から天皇をお護りしようという固い決意を持っています。今後も力の及ぶ限りそうするでしょう。しかし、最高司令官といえども万能ではありません。ただ、この新しい憲法の条項（ＧＨＱ案）が受け入れられるならば天皇は安泰になると考えています。この憲法をあなた方の政府に提示し、採用するよう考慮を求め、希望されるならば、この草案を最高司令官の完全な支持を受けた案として、あなた方が国民に示されてもよいと考えています。もっとも、これを強要しているのではありません。ただ、この案の諸原則を国民に知らせるべきであると考えています。あなた方の手で示されることを望んでいますが、できないならば、最高司令官自身で行うつもりです。（2月13日ホイットニー将軍）」

　確かに〝親切で丁寧〟なアドバイスではある。しかし、占領軍の司令官が被占領国の政府に対して、どんなに親切に丁寧に提案しても、それは強制とほぼ等しいものでしかない。「天皇を護る」というのは、「天皇を活用」しようとしていたのだから嘘ではない。

日本政府に選択の余地はなかった。ＧＨＱ案を日本語訳し、趣旨を生かし必要な修正を加えて、日本政府の憲法改正案（明治憲法の改正）として、帝国議会で審議されることになる。もちろんＧＨＱ案が日本政府案になる過程では、ＧＨＱと日本政府の間では激しい応酬があり、修正が重ねられた。

画期的なこととして意義を持っているのは、ひらがな口語体の文章に改められたことである。いくつかの修正については評価が分かれているが、ひらがな口語体にしたことは、文句なしに称賛されるべきである。憲法は国民みんなのものである。読みやすく、わかりやすいものでなければならない。

８　帝国議会での議論と議決

（１）「朕は、国民の総意に基づいて、憲法改正案を議に付する」

幣原内閣の下で、ＧＨＱ案をもとに日本政府案がつくられ、枢密院では憲法草案の審議が開始されていたが、１９４６年４月に行われた戦後初の衆議院総選挙の結果を受け、幣原内閣は総辞職した。５月に成立した自由党の吉田茂内閣の下、草案は枢密院で可決され、

第90回帝国議会衆議院へ提出された。大日本帝国憲法の改正案として可決され、11月３日に公布されるに至った。

この経緯の中で、いくつかの修正が問題となった。また、ＧＨＱマッカーサーと極東委員会との方針の違い、ＧＨＱを指導する立場にあり極東委員会の重要メンバーでもあるアメリカ本国とＧＨＱマッカーサーの微妙な見解の相違、などが問題となった。それらの問題は、基本的にはマッカーサーの主導で解決されたと評価できる。つまり、極東委員会からの口出しを排除し、ＧＨＱは自らが描いたような憲法制定を達成できた。

１９４６年３月、幣原首相は枢密院で憲法草案の説明をしたが、この説明は、日本政府、ＧＨＱマッカーサー、極東委員会の立場を、実に正直に告白している。当初、ＧＨＱの強引さに戸惑っていた日本政府だったが、この段階ではむしろ〝強引さに感謝する〟ようになっていた。

幣原首相の説明を口語訳で要約すると、次のようになる。

「極東委員会の第1回の会議が2月26日にあり、憲法の改正問題が議論された。極東委員会は一種の立法機関である。その極東委員会が、日本皇室を護ろうとするマッカーサー司令官の方針に対して異議を唱えているようである。司令官は、極東委員会から口出しされる前に既成事実をつくろうと、憲法草案の発表を急がせた。司令官は、秘密裏に草案の取りまとめが進められ発表に至ったことを喜んでおられるが、日本としても喜ぶべきことである。もし、時期を失っていれば、皇室の安泰も保証されなかった。危機一髪であった」

これらの経緯の詳細は、膨大な資料研究に裏付けられた他の著書に任せたいが、私の関心は、憲法９条についての最も基本的なことである。つまり、帝国議会に対して、どのような主旨の条文として提案され、どのように議論され、どのように可決されたのかという点である。これらのことは、当時の議事録から明確である。

現在、議論の種となっているのは、「憲法９条は自衛的な武力行使（個別的自衛権）を否定しているのか否か」「自衛隊は９条に違反しているのか否か」「在日駐留米軍を認めるのは９条に違反しているのか否か」「自衛隊がアメリカ軍を支援するためにアメリカ軍と一緒に武力行使を行うこと（集団的自衛権行使）が、場合によっては許されるのか否か」などである。これらについて、現在議論の種となっていること自体が不自然である。当時の議事録を見れば議論の余地がないほど明白であるからである。

人間として生まれたものは死ぬまで人間であり、人間として生まれたものが途中で馬や鳥や蝶に変わるはずがない。虫という形で生まれて、蝶に変わる場合はあるが、それは途中で〝さなぎからの脱皮〟という段階を経ているからである。９条は生まれてこの方、一度も〝脱皮〟していない。

帝国議会の議事録を確認する。

まず、第90回帝国議会の開院式（１９４６年６月20日）での天皇の勅語に驚かされる。

> 朕は、国民の至高の総意に基づいて、基本的人権を尊重し、国民の自由の福祉を永久に確保し、民主主義的傾向の強化に対する一切の障害を除去し、進んで戦争を放棄して、世界永遠の平和を希求し、これにより国家再建の礎を固めるために、国民の自由に表明した意思による憲法の全面的改正を意図し、ここに帝国憲法73条によって、帝国憲法の改正案を帝国議会の議に付する。

ポツダム宣言、日本国憲法前文、９条の主旨をすべて盛り込んだような開院宣言が、〝朕〟の名において、また日本国憲法やポツダム宣言と真逆の内容である帝国憲法の規定に基づいて行われている。朝日新聞は翌日の記事で「日本議会史に新しいページを開く民主議会の開院式」と絶賛しているが、私には〝木に竹を接ぎ木〟したような違和感がぬぐえない。マッカーサーの描いた占領政策通りの結果ではある。

（２）９条は自衛的武力行使を否定している

９条に関する質疑応答を確認しよう。政党として憲法草案に正面から反対したのは、共産党だけであった。社会党は平和主義を補強する方向で修正提案し、その主旨は生かされた。衆議院本会議での採決結果は、憲法草案賛成４２１票、反対８票であった。反対は共産党の６人と無所属の２人であった。

質疑応答における吉田首相の答弁（口語訳、要約）は、次のようである。

原夫次郎議員の質問に対して、「（９条は）直接には自衛権を否定してはいないが、第２項において一切の軍備と国の交戦権を認めていないので、自衛権の発動としての戦争も、また交戦権も放棄している。近年の戦争は多くは自衛権の名において戦われた。満州事変しかり、大東亜戦争然りであります」（６月25日衆議院本会議）と明確な答弁をしている。また、共産党の野坂参三議員の「戦争には侵略戦争と自衛戦争がある。侵略戦争だけを放棄するとすべきである」という指摘に対し、「国家正当防衛権による戦争は正当であると考えることは有害である。正当防衛権を認めることが戦争を誘発する」（６月28日の衆議院本会議）と、自衛のための戦争もきっぱりと否定している。

これらの答弁には、単なる一時的な政府の見解表明にとどまらない重みがある。９条の条文は、誰が読んでもこのようにしか読めないのであるが、提案者はもちろん、賛成者も反対者も、自衛のための戦争も放棄するような条文として議論していた。

後日、「芦田修正案は、自衛のための武力行使を容認する意図から提出された」という説が一時期出されたが、多くの研究者の資料調査や芦田氏自身の議会での発言記録調査の結果は、この説をことごとく否定している。現在、日本政府も芦田修正説を採ってはいない。私も「芦田修正説」をまともに議論する価値はないと考えている。

第Ⅳ章　朝鮮戦争〝9条の解釈〟の始まり

第二次世界大戦後、朝鮮戦争が日本の方向を大きく変えた。この戦争は、日本だけでなく世界全体の方向も変えてしまった。この戦争を機に、〝9条の解釈〟が始まった。この章では、日本の方向を大転換させた戦争がどのような戦争だったのか、そして、解釈によって9条がどのように変質させられてきたかという点について概観する。

1　朝鮮戦争はいかなる戦争だったのか

帝国主義者同士の世界大戦の最中に、植民地の〝民族独立の戦い〟が世界中で起きた。帝国主義者は、ライバルを追い払うために、あるときは〝民族独立の戦い〟を軍事支援し、支援した勢力を支配下に置くことで権益確保を画策した。帝国主義諸国に翻弄された朝鮮の歴史も、まさにこのような事例の典型であった。
日韓併合（１９１０年）によって朝鮮の植民地支配を進めた日本帝国主義は、ファシズムをもって凶暴に他の帝国主義諸国に対して、領土拡張と権益の拡大の戦いを挑んだ。満州事変を演出し（１９３１年９月）、傀儡国家満州国を建国し（１９３２年３月）、また、大東亜共栄圏構想をもって、資源豊富な東アジア諸国を支配することを目指した。その路線は必然的に他の帝国主義列強との対立を激しくし、太平洋戦争に突入（１９４１年12月）し、多大な犠牲を生んだ。無条件降伏に追い込まれ（１９４５年８月）、獲得したすべての植民地を失った。

朝鮮は、北半分はソ連という新しい類の帝国主義国の力を借りて解放され、南半分は世界一の資本主義的帝国主義国と成長していたアメリカの力を借りて解放された。

１９４８年のほぼ同時期に、北緯38度線を境として朝鮮半島にふたつの国家が誕生した。李承晩を大統領としアメリカを後ろ盾とする大韓民国と、金日成を首相としソ連を後ろ盾とする朝鮮民主主義人民共和国であった。李承晩は、アメリカに亡命していた反共（反ソ連）的民族独立活動家であった。金日成は、満州地域で抗日パルチザンをしていた民族独立活動家で、ソ連型国家建設を目指していた。

両国家は、ともに朝鮮半島での唯一の正統な国家であることを主張し、相手を「傀儡国家である」と批判し合っていた。北は「国土完整」、南は「北進統一」を主張し、ともに武力による朝鮮統一を目指していた。小規模な軍事的小競り合いが繰り返され、〝毎日が戦い状態〟であった。ふたつの国家は、そもそも共存が不可能な存在として誕生した。

スターリンとルーズベルトは、ヤルタ会談において、当面の南北分割統治と、その後の選挙による朝鮮半島の統一国家の樹立を約束していたが、実際は、軍事的に決着をつけようと考えていた。

スターリンは北朝鮮への軍事支援を強め、原爆の実験に成功（１９４９年）した後、また、毛沢東が中国を制圧した後、金日成による本格的南下侵攻を許可した。この北による南下侵攻（１９５０年６月25日）が、朝鮮戦争の開始とされている。

６月25日以降のアメリカの反応は迅速であった。その日のうちに国連安全保障理事会が開会され、米国提案の決議が採択された。北朝鮮軍を38度線以北へ撤退させることを目指して国連軍が出動することとなり、マッカーサーが総司令官となった。

ソ連の軍事支援と周到な準備によって、緒戦では北朝鮮軍は韓国軍を圧倒し、さらにアメリカ軍、国連軍をも打ち砕き、あっという間に６月28日にはソウルを陥落させ、８月には朝鮮半島の東南の端、釜山まで追い詰めた。

しかしながら制空権を掌握しているアメリカ軍は、南下して兵站が伸びすぎている北朝鮮軍を空から攻め立て、また、北朝鮮の都市を空爆することで形勢を逆転した。国連軍がソウルに近い仁川への上陸を果たすと、38度線まで押し戻された北朝鮮軍は敗走を始めた。

スターリンはこの時点で、金日成に対して「戦いの継続には展望がない。中国の同志は今のところ参戦を拒んでいるので、北朝鮮軍はソ連や中国に全面撤退して戦力を温存しておかなければならない」と電報を打っている。アメリカ軍が朝鮮戦争で投下した爆弾は、第二次世界大戦で日本に投下した爆弾の量の約4倍であると報告されている。北朝鮮のあらゆる都市は壊滅的被害を受けた。

38度線まで戦線を押し戻した時点で、国連憲章に従うならば国連軍は軍事活動を中止しなければならない。しかしながら、マッカーサーは、北朝鮮軍を朝鮮半島から完全追放するため北進を続けた。このタイミングで中国人民義勇軍が参戦してきた。毛沢東の〝人海戦術〟によって、また山岳地帯という地理的条件を活かした中国人民義勇軍は、アメリカ軍の何倍も人的な犠牲を出しながらも、アメリカ軍をまた南に押し下げた。

このとき、マッカーサーが恐るべき計画を持っていたことが、後の公文書調査から明らかとなった。彼は、敗走状態の北朝鮮軍に代わって参戦してきた中国やソ連に対して、大規模攻撃を計画した。それは、第三次世界大戦にもなり得る戦争拡大計画であった。しかも、中国、ソ連への攻撃には原子爆弾の使用が計画されていた。彼は、原爆使用の裁量権を本国に求め（1950年12月9日）、具体的に26発の原爆投下の許可を要請していた（12月24日）。中国では、北京や大連、ソ連ではウラジオストクなどが目標に挙げられていた。

トルーマン大統領はマッカーサーの要請を拒否したので、原子爆弾の惨禍は起きなかった。戦争拡大を主張するマッカーサーと、それを制御しようとするトルーマンの間には、軋轢（あつれき）がくすぶり続けていた。そして、戦争終結に動こうとするトルーマンの方針をマッカーサーが公然と批判したことで対立は白日の下にさらされ、トルーマンは戦争の英雄マッカーサーを司令官の職から解任した（１９５１年4月11日）。

その後も戦況は一進一退の膠着状態の中、長期にわたる交渉を経て、休戦協定が締結された（１９５３年7月）。結局、38度線とあまり変わらない軍事境界線を挟んで南北が睨み合ったまま、休戦状態になった。現在も、その休戦状態のままである。

このように、形式上朝鮮戦争は北朝鮮軍対韓国軍の戦いとして開戦し、北朝鮮軍対韓国軍と国連軍（アメリカを中心とした、16か国の軍隊）の戦いとなり、後にそれに中華人民共和国軍と中国空軍に偽装したソ連空軍が加わった戦争であった。そして、現在休戦中の戦争である。

概観した経緯を見てもわかるように、この戦争の成り行きを決定した主役は、朝鮮人ではなくアメリカとソ連であった。

2　GHQが日本に再軍備をさせた

朝鮮戦争が明らかにしたのは、第二次世界大戦の惨禍にもかかわらず、世界は覇権と権益を奪い合う戦争にまだ飽きていなかったということである。

確かに、現在、植民地と呼ばれる地域はなくなった。国連決議「世界人権宣言（１９４８年）」を受け継ぎ、「植民地独立付与宣言（１９６０年）が議決された（賛成89、反対0、棄権9）。しかし、植民地という名前はなくなっても、他国から収奪する仕組みは残された。それが残される限り、権益を奪い合う帝国主義的戦争はなくならない。大戦後は、アメリカを中心とする資本主義的帝国主義国と、ソ連を中心とするソ連型帝国主義国の両陣営の争いが、世界の構造を大きく決めてしまった。その構造は「冷戦」と呼ばれてきた。

アメリカは、大戦直後は、世界最強の軍隊と唯一の原爆保有国としての優位性を過信していたが、朝鮮戦争では予想外の大きな打撃を受けた。蒋介石に任せるはずであった中国は毛沢東に支配され、アメリカは危機感を大きくした。「配下の従属国として育てようとした日本も、ソ連型帝国主義勢力（共産主義勢力）に支配されかねない。下手をすれば、日本も朝鮮半島と同じになってしまう。日本に平和憲法を制定させたのは非現実的であった」と反省を迫られた。占領政策を迅速に大転換しなければならなくなった。

アメリカは、日本の再軍備を目指し、９条の平和主義を振り捨て、占領軍の命令として、国会の審議抜きで警察予備隊をつくらせた（１９５０年８月）。アメリカ側の公式な表現では〝National Police Reserve（警察予備隊）〟となっているが、実際は〝Small Army（小さな軍隊）〟と呼ばれていた。アメリカ軍兵士が装備するＭ１ガーランド小銃や戦車（戦車と言わず〝特車〟と表現）などの重装備を持つ７万５０００人の組織で、明らかに治安警察の装備を超えた小さな軍隊であった。

３　主権者はどこにいる　翻弄される９条

すべての議論の前に、最も基本的で単純な議論を済ませておこう。

ＧＨＱ主導とはいえ、日本の国会議員の審議によって憲法が制定された。憲法によって、主権が国民にあり、立法府である国会ですべての法律が憲法に矛盾しないように制定され、法に基づいて施策がなされなければならないことが決められた。憲法には、戦争放棄・武力放棄が明記されている。さらに、司法が違憲立法審査権を持ち、すべての法令が憲法に適合するか否か判断する権限を持っていると明記されている。これが新しく生まれ変わった日本という国の骨格である。
ＧＨＱは、国会の審議抜きで〝Small Army（小さな軍隊）〟をつくらせた。もちろん憲法違反との訴訟が起きたが、最高裁裁判長田中耕太郎は「具体的な争訟事件がない場合、裁判所には抽象的な法解釈を下す権限はない」という憲法解釈の立場（付随的違憲審査制）を取り、訴えを取り上げなかった。

国民の声を代表する国会を無視して、憲法条文を無視して、法律ができた。政府も一言の抗議もせず、最高裁判所は判定せず、憲法違反が誰からも咎められることなく進められた。日本の、無法地帯化が始まった。日本国憲法制定を主導したアメリカによって、日本国憲法の破壊が開始された。

この「警察予備隊」が、「保安隊」を経て、陸海空の「自衛隊」へと成長していく（１９５４年）こととなった。現在、自衛隊は年間予算５兆円を超える組織となり、世界軍事力ランキングで４位〜７位の位置を占めるまでに大きくなり、岸田政権は予算額を早急に２倍化（ＧＤＰ比２％）する政策を推進している。

日本国憲法は「ＧＨＱに押し付けられたものなのか否か」が、よく議論される。少し極論になることを承知で言えば、仮にＧＨＱ主導で出来上がった憲法であったとしても、国民が賛同し日本にとってふさわしい憲法であると明確な判断を下したのであれば、日本国民が最終的な判断を下したのであるから、「押し付けられた」と批判する必要はない。問題にすべきは、「憲法誕生時の押し付け」よりも、もっと露骨で明確な「憲法違反の押し付け」である。

〝Small Army（小さな軍隊）〟警察予備隊は、国会審議もなくマッカーサーの指令でつくられた。憲法条文は、帝国議会で国民の前で議論され成立したが、警察予備隊は国会の審議抜きで創設された。これは「憲法違反の押し付け」以外の何ものでもない。

4　日本政府の立場　豹変の経過

アメリカの政策転換に伴って、日本政府の憲法解釈が変わってきた。時系列で整理することで、〝解釈〟の意味が鮮明になる。

(1)　本音と建前の混然　吉田首相の諸発言

吉田首相は、混然とした議論で人々を煙に巻くので有名であったが、9条に関する発言はその典型である。公的発言、非公式な私的発言を列挙する。建前と本音の使い分けがよくわかる。

①１９４６年の帝国議会での草案の提案（建前？）

日本国憲法草案９条は「自衛権の発動としての戦争も、交戦権も、共に否定している」として提案

②１９４９年秋の発言（本音と建て前が混然）

「米国に日本を防衛させれば良い（国を守るには軍備がいることはわかりきったことである。しかし、自前の軍備を持つには、我が国は貧しすぎる。食うに困る国民は再軍備など求めていない。そんなことは米国にさせておけばよい）」（本音）

「我が国の安全を保障する唯一の道は、……非武装国家として、列国に先んじて自ら戦争を放棄し、軍備を撤廃……することにある（施政方針演説）」（建て前）

③１９５０年１月の第三次内閣で施政方針演説（自衛権行使について微妙な変化が生まれている）

「……全面講和を希望するのはもとよりでありますが、国際の客観情勢によることでありましていかんともできない。戦争放棄の趣意に徹することは、決して自衛権を放棄する

ことを意味するものではない」（選挙結果と国際情勢の変化から、微妙に発言が変化。自衛権に関して、１９４６年の帝国議会答弁との差が指摘されたが、「武力を使わない自衛権行使もある」と、ここでは整合性を弁明）

④朝鮮戦争勃発の前後、アメリカとのやり取りの中の混然とした発言の数々

38度線を視察した後日本を訪れたダレス（アメリカ国務長官顧問）から、アメリカ側の強い意向を次のように伝えられた。

「在日米軍が朝鮮に出動すれば、日本の防衛は真空になる。中ソが傍観するとは考えられない。対日講和条約の成立を急げ。日本を再武装させて、日本人の手で日本を（中ソから）防衛させるとともに、連合国陣営の一員に迎え入れ、極東における反共（反中ソ）の砦とせよ」

そして、そのダレスが訪日期間中に朝鮮戦争が勃発した。アメリカは、日本国憲法の平和主義を捨てることにした。アメリカは、勝手につくり替えようが、解釈をかえようが、日本国民の意思とは無関係になんでもできると考えていた。これが、日本に「国民主権を教えたアメリカという国」の正体である。「日本国民主権」ではなく、「アメリカ主権」である。

そして、１９５０年７月８日（朝鮮戦争勃発13日後）、マッカーサーから「National

Police Reserve（警察予備隊）７５０００人」を設立する命令文が、外務省連絡局長木村四郎七から吉田首相に届けられた。木村は「ＧＨＱの連中は、Small Army（小さい軍隊）と言っています」と伝えた。

その時の吉田の発言である。

「小さかろうが軍隊は軍隊だ。軍隊を禁じたのはＧＨＱではなかったのか」（本音）

「日本が独立を果たすとなれば、安全保障のために再軍備は避けて通れない。だが、こんな偽装（虚偽）で再軍備を要求してくるとは（アメリカも姑息である）」（本音）

「戦力を持たぬならば、永世中立を国是とするほかにない。そんなものは夢遊病者の寝言だ。ソ連が攻めてきたとき、我が国は非武装中立を国是とするゆえ侵略してくれるなと泣いて頼むのか」（本音）

「Smallだろうが、軍隊はいまはいらぬ。だがＧＨＱには逆らえない。されば、マッカーサーの偽装を逆手にとって、こちらも『あくまで警察予備隊は軍隊でない』で押し通そう」（これまた〝吉田流〟の本音）

「警察予備隊の目的は、国内治安の維持であり、軍隊ではない」（国会答弁　本音と真逆の建前）

「軍隊だと認めれば、左翼や国民が騒ぐ。軍隊だと認めてみろ。かつての軍国主義者どもが地下から蘇り、我が世の春を謳歌する。太平洋諸国もまた日本軍国主義の復活かとうんざりする。しかし、ＧＨＱには逆らえないし、戦力なくして国は保てぬ。しかし、金も時間もかかる。再軍備の金がどこにある。米国に安全保障をさせておけばよい。軍人に武器を持たせるとろくなことにはならない。米国のような文民統制などわが国では夢物語だ。軍人が復活すれば、必ずまた威張り散らし、国を損なう。当面、警察予備隊でいけば良い。それが大砲や戦車を持つことになろうが、それは戦力ではなく治安維持のためだとかわせばよい」（やけっぱちとも言える、本音中の本音）

こうして吉田首相は、次のように㋐〜㋔の方針を貫くことを決めた。

㋐ＧＨＱには逆らえない
㋑軍国主義の復活も嫌、左翼に騒がれるのも嫌、太平洋諸国に騒がれるのも嫌
㋒軍隊は必要だが、費用面からも本格的な軍隊は時期尚早
㋓日本の防衛は在日米軍にやらせて経済復興を重視
㋔当面は警察予備隊をつくって軍隊ではないと嘘を言い張り続ける

もちろん、客観的に見れば、㋐〜㋔は、虚偽と本音が混在した、独立国の政策としては整合性も一貫性もない、政治家の俗流処世法から発せられた発言の数々であった。このよ

うな整合性のない姿勢は、長期的な基本方針にはなり得ないものであったと本人もよく自覚していた。憲法上の不都合は、自分の後を継ぐ首相によって憲法改正が行われ、解決されると考えていたようである。しかし、その通りにはならず、後継者たちも条文は変えず解釈を変え、〝吉田流〟の嘘を塗り重ねる道を選んだ。

警察予備隊が保安隊に変わり、自衛隊に変わっても、首相在任中は、彼はこの処世法を貫いた。確かに、その後のアメリカからの日本の軍備拡大要求に対しても渋り続けた点では、Small Army の〝Small〟は貫いたと言えるが、国民に嘘をつき続けたという意味でも貫いた。

そして〝嘘を貫くことの重大さが〟が、黒い影となって戦後の日本社会全体に覆いかぶさり続けることになる。嘘で塗り固めるために司法の独立が壊され（第Ⅵ章「失われる司法の独立」参照）、法治主義が崩壊した。あらゆる場面で、憲法に縛られなければならないはずの政府が、逆に勝手に憲法や法をねじ曲げて解釈することが常習化した。政治不信が蔓延し、報道が歪められ、教育が歪められた。〝嘘を貫く〟ことの負の影響は、広い範囲にわたって、未来永劫続くことになる。

（２）〝９条解釈の上塗り〟吉田内閣以後

吉田内閣以後、どのような場面でどのような〝解釈〟を採用したのか、全体を眺めると本質がより鮮明になる。

①１９５４年、鳩山一郎内閣は「憲法９条は自衛のための戦争まで放棄していない」と見解を発表

吉田内閣は、「自衛のためであっても戦力は持てない。警察予備隊、保安隊、自衛隊は戦力でないから憲法違反ではない」という見解であったが、鳩山一郎内閣は「９条は自衛のための戦力を禁止していないから、自衛隊は憲法違反ではない」と見解を変えた。

自衛隊を合憲であるとするために、内閣が憲法解釈を勝手に変えたのである。このように、内閣が解釈を勝手に変えていくやり方が、日本の歴代内閣の〝手法〟として受け継がれることになる。

なお、吉田茂は首相を辞めた後は、「９条は自衛のための戦力を禁止していない」と、帝国議会における自らの答弁を覆している。彼のこのような変幻自在さが評価されることもあるが、とんでもないことである。彼は、現在の日本社会に蔓延する政治不信に大きな責任がある。

②１９７２年、田中角栄内閣は、内閣法制局の見解として「憲法前文、第13条から、個別的自衛権（自国防衛のための武力行使）は認められるが、集団的自衛権（アメリカなど、同盟国のための武力行使）は認められない」と発表

戦力不保持は合憲で、保持は違憲であるという〝線引き〟が吉田内閣時代であった。田中内閣では、個別的自衛権のための武力は合憲で、集団的自衛権のための武力ならば違憲であると、〝線引き〟の位置がずらされた。

③中曽根康弘首相の日本列島「不沈空母」発言

１９８３年、首相就任直後アメリカを訪問した中曽根首相は、ワシントンポスト紙の単独インタビューで「日本列島を（ソ連の）バックファイアー爆撃機の侵入を防ぐ巨大な防衛の砦を備えた不沈空母とすべき」と持論を展開した（１９８３年1月19日読売新聞夕刊）。最初、このような発言はしていないと否定したが、２日後には発言を認めた。また、外務省職員のメモからも発言が確認された。

非武装・不戦の憲法を持つ日本では、空母などの保持は許されない。あろうことか、国土全体を空母と見なしてソ連の爆撃機を迎え撃つというのだから、とんでもない〝持論〟である。もちろん、アメリカに〝媚を売り〟日本国内の再軍備派に〝格好をつける〟ための例え話であろうが、中曽根首相には憲法の平和主義の欠片もない。日本で首相となる政治家の人物像がよくわかる。

④2014年、安倍晋三内閣は「個別的自衛権だけでなく、一定の条件の下では集団的自衛権も、憲法で認められる」と閣議決定し、関連法案を国会に提出し議決させた（2015年）

またもや合憲・違憲を区別する〝線引き〟の位置が解釈でずらされた。歴代内閣が常用してきた手法を使っただけの話であるが、一度〟この手法を覚えれば際限なく〝線引き〟の位置はずれていく。憲法に縛られなければならないはずの内閣が、憲法解釈を勝手に変えている。

⑤2023年、岸田内閣の下で、ミサイル基地建設、敵基地攻撃能力の強化、継戦能力（戦いを継続する能力）強化などが進められている

そして、数年後には、軍事費を世界第3位にまで増やすことが予定されている。「非武装・不戦」の憲法を持つ国が、世界3位の軍事費大国となるのである。

以上のように、世界情勢の変化とともに、アメリカとその意向に忠実な歴代内閣の勝手な解釈によって9条はねじ曲げられ続けてきた。朝鮮戦争から始まったことである。

5　公職追放

占領軍の公職追放政策も、アメリカ型帝国主義とソ連型帝国主義の対立（冷戦）の激化とともに大きく変化した。

(1)「戦争犯罪人追放」から「レッドパージ」へ

1945年8月30日、日本に降り立ったマッカーサーは、その日のうちに戦争犯罪人のリスト作成を命じ、約200名のA級戦犯容疑者が巣鴨拘置所に逮捕監禁され、数千人のBC級戦犯容疑者が各地で逮捕投獄された。GHQの当初の狙いはもちろん、日本軍国主義の復活を阻止するためであったが、朝鮮戦争前後の時代を境に、方針転換が決定的となった。戦犯容疑者は公職追放とされていたが、1年後の1946年から東條英機内閣の一部閣僚の監禁投獄状態は解かれ始めていた。1952年、サンフランシスコ平和条約とともに公職追放が解除され、復職することができた。

このように、戦前の軍国主義者たちが復職するのと対照的に、共産党やその支持者たちが、公職追放の憂き目に遭うこととなる。いわゆる「レッドパージ」が1949年から始められた。公職だけでなく、大企業や特に報道関係の職場から多くの追放者が出された。ＧＨＱは、労働運動や政治活動の活発化を恐れ、また、「ソ連型帝国主義国」の勢いを恐れたからである。中国も、内戦を経て、ソ連型国家として始まった中華人民共和国が毛沢東によって建国された（１９４９年10月）。このような情勢が「レッドパージ」の背景である。

戦犯の公職追放は、１９５２年の解除でほとんどが復職できたのに対して、「レッドパージ」された人はほとんどが復職できず、新たな職に就くこともできなかった。誰を追放し、誰を何のために追放から復帰させたのか、占領政策大転換の意味が明確に表れている。

「レッドパージ」もその源はアメリカであった。アメリカではマッカーシー上院議員が中心となり、共産党やその支持者と疑われる人々を排除する「非米活動委員会」の活動（マッカーシズム）が１９４９年頃から強化された。〝非米活動者〟とは、日本流に言えば〝国賊〟である。

チャップリンなど、現代社会の矛盾を告発した多くの文化人なども〝パージ（排除）〟された。なんと、原子爆弾製造の中心人物で、大戦勝利の英雄であった天才物理学者オッペンハイマーもパージされた。理由は、原爆開発に罪悪感を持ったこと、水素爆弾開発に反対したこと、親しい人の中に共産主義者がいたことなどである。

これらの事実は、パージの異常さを表している。このようなマッカーシズムに、特に熱心だったのが、後の大統領、ニクソンとレーガンであった。

（2）岸信介というA級戦犯容疑者に刻まれた宿命

岸信介も公職追放から解除されたひとりである。彼の復帰は、アメリカの対日政策の転換を象徴していた。

岸は、満州国繁栄の最大の功労者のひとりであり、中国侵略の立役者である。満州国を財政的に支えたアヘン取引を統括していたとも言われている。「金は浄化して使うべし」というのが彼のモットーで、幾多のスキャンダルに巻き込まれながら尻尾を掴まれることなく暗躍してきた。

太平洋戦争開戦時、東條英機内閣において閣僚（商工相）を務めていたので、日本の降伏式９日後の１９４５年９月11日、A級戦犯容疑者として逮捕令を発せられた。

岸信介、矢次一夫、伊藤隆による『岸信介の回想』（文藝春秋　１９８１年）には「生きて帰れるとは思っていなかった」と書かれている。ただ、知人から「名を惜しむなら命を捨てよ」という内容の、自決を促す短歌を送られたときには、「名にかへて　このみいくさ（聖戦）の正しさを　来世までも語り残さむ」と返歌している。敗戦後も、巣鴨拘置所時代も、この短歌に歌われた太平洋戦争美化の考えを変えることなく、反米英的な思想も変えることなく、しぶとく生き抜くことに人生の価値を見い出していた。

巣鴨時代、岸の一番の関心事は、Ａ級戦犯としての自分の処分であった。東條内閣閣僚の何人かは起訴され、何人かは解かれている。悶々とした気分が『資料 岸信介巣鴨獄中日記』（中央公論新社 １９７９年）によく表されている。

岸は、アメリカ陣営とソ連陣営の軋轢が激しい対立に発展するだろうということに注目していた。そして、その対立の激化を目前にして、日本はどういう立ち位置にあるべきなのかということに考えを巡らせていた。１９４６年８月10日の日記には「（日本はアメリカゆずりの）歯の浮くような民主主義自由主義にかぶれ、何ひとつ自ら思考し、自ら立ち、行う気魄（きはく）矜持（きょうじ）を有せず」と嘆いているだけであったが、次の日には「（米ソ対立の激化が）再興日本の好機となる……希望的観測に……久しぶりに意気軒昂」と書かれている。冷戦の激化が自分を救ってくれるのではないかと、期待を持ち始めた。

この考えは進化し、「アメリカは日本を、平和で民主的なアメリカの単なる〝衛星国〟にとどめておくのか、それとも共産主義勢力に立ち向かわせる〝盟友〟として扱うのか（１９４８年３月16日『日記』）」と、アメリカは対日政策を大転換させるべきであるというような主張に変わり、「日本にソ連に対抗させるため再軍備をさせようと方向転換するならば、東京裁判は意義を大半失う（戦争犯罪を罰することは意味を持たなくなる）」（1948年4月17日『日記』）と、冷戦激化による日本の再軍備が戦犯釈放につながることを期待している。

この考えは、「東アジア全体の赤化（共産化）を阻止するためには、アメリカ軍が直接毛沢東軍と戦わなければならない。そのアメリカ軍の中には日本の義勇兵も編成されるべき」（1948年11月4日『日記』）と、半ば〝妄想〟に近い考えにエスカレートした。

かつて岸は「アメリカとの戦争は聖戦であった（日本は悪くなかった）」と主張し、またアメリカの占領政策を「歯の浮くような民主主義」と揶揄していた。その考えは変えていない。しかし、自らの復活のために「反米」を封印し「反共」を表面化させることになる。「中国軍やソビエト勢力を食い止めるために、日本はアメリカ軍とともに共産軍と戦うべきだ」、「戦争犯罪を裁いている暇はない、早く日本の戦争犯罪容疑者を公職に戻し、ソ連や中国と戦う体制をつくるべき」と主張し始めた。「アメリカが、平和や民主主義を強調している間は自分の生きる道はないが、アメリカが建前を投げ捨てソ連勢力と戦うとき、自分の生きる道が開ける」と、自らの生き延び方を鮮明に意識したのである。

そしてこのとき、アメリカ本国でも方針が大転換され、岸の期待が的中することになった。アメリカ国内では、日本国憲法誕生にかかわった日本の民主化を推進する人々は、「共産主義をのさばらせた」という批判にさらされ、勢いを失った。「平和主義・民主主義」から「反共産主義」にシフトしていくことになった。この「反共産主義」勢力の代表のひとりがウィロビー将軍であるが、彼が「岸の釈放」をマッカーサーに勧告している。

岸は、このような時流の中でA級戦犯から蘇った。そして、以後の岸の政治家としての役割は、巣鴨拘置所時代の〝妄想〟の現実化である。命拾いした岸は、反ソ連反中国のアメリカに忠実な政治家として活動することになる。強烈な「反共」を売りにしてアメリカに取り入る手法は、朝鮮半島の李承晩と同じであった。

同じ「反ソ連」「天皇制擁護」でも、幣原元首相と岸では根本的に異なっている。幣原はマッカーサーに、次のように提案している（第Ⅱ章「「非武装・不戦」思想の源流へ遡る」3「幣原喜重郎の平和論」参照）。

「日米親善は、必ずしも軍事一体化ではない。日本がアメリカの尖兵となることがアメリカのためだろうか。問題は、今やアメリカでもソ連でも日本でもなく世界である。世界が亡びればアメリカも亡ぶ。日本がアメリカとまったく同じ行動を取れば、誰が世界の運命を変えるのか。世界の滅亡を救う唯一の手段は軍縮であるが、ほとんど不可能と言われている軍縮を可能にする突破口は、自発的非武装化を宣言する国の出現である。そのような国の出現もほとんど空想に近いが、偶然にも日本は、アメリカさえ賛成すれば自発的非武装化が可能な立場にいる。日本をして自主的に、アメリカではできないこと（非武装化宣言）をさせることが、世界を救い、アメリカも救うただひとつの道ではないか」

幣原は平和実現に自らの存在意義を懸け、岸は争いの激化に自らの延命を懸けた。岸と『勝共連合』『統一教会』との深いつながりは、この時代からのものである。『勝共連合』は、ＣＩＡ（アメリカ中央情報局）とつながりの深いＫＣＩＡ（大韓民国中央情報局）によってつくられたが、戦後80年近くになる現在でも、日本の保守政党と『勝共連合・統一教会』の腐れ縁は日本の政治に黒い影を落としている。

つい最近も、統一教会と歴代自民党内閣との関係が新聞報道された。例えば、中曽根内閣に対して『80年代ビジョンの会（代表　福田信之）』が行った重要政策提言の文書（昭和57年12月17日付）が、明るみにされた。『ビジョンの会』は統一教会関連団体である。提言には、例えば「防衛計画大綱の早期達成、軍事費の増額（ＧＤＰ１％枠を外す）、自衛隊法改正、空軍強化」「国鉄分割民営化の推進」「農産物輸入自由化の推進」が書かれている。これらはすべて、中曽根内閣が取り組んできた重要政策である。森喜朗内閣、小泉純一郎内閣にも提言を送っていたことが内部文書から確認されている。

これらの事実は、岸信介の孫である安倍晋三元総理大臣が、『統一教会』に遺恨を持つ青年の凶弾を受け殺害されたことで、日本社会に広く知られることとなった。なんという運命であろうか。

6　教科書が変えられた

第Ⅰ章（憲法９条　子どもたちにどう教えてきたのか）で、憲法制定直後の教科書『あたらしい憲法のはなし』を紹介した。

やさしい言葉で憲法の考え方が書かれている。素直な気持ちで読めば、別の解釈などあり得ないほどわかりやすい。「９条を理解するためには何も難しいことはいらない。素直な心があればそれだけでよい」ということを、実際に示してくれる。

そもそも、憲法の条文が普通の読み方をして理解できないような文章であれば、それは条文として失格である。憲法は国民全員のものである。特殊な読み方をする人たちだけのものではない。

９条をねじ曲げようとする政府の見解や、それを支える〝学者たちの条文解釈〟は、〝ややこしい言い回しと理屈っぽさ〟で共通している。しかも〝理屈っぽい〟だけであって、理屈には合っていない。論理的であるかのように見せているだけであって、精読してみれば、極めて非論理的であることが簡単にわかる。人をだますときは、常にそのような書き方になる。

残念ながら、この『あたらしい憲法のはなし』は2年間しか使われなかった。朝鮮戦争が始まり、警察予備隊が創設されると同時に、教科書から副教材に格下げになり、すぐに廃止された。

7 マッカーサーは語る

第二次世界大戦から朝鮮戦争の時代、世界史の主役のひとりであったマッカーサーの言動を紹介して、この章を締めくくりたい。

「日本の戦争放棄を称賛する。この提案を全世界の人々が真剣に検討されるよう勧めたい。**この考え方こそ、唯一平和への道である。**」（連合国対日理事会　１９４６年４月）

前述のように、マッカーサーは朝鮮戦争の連合国軍最高司令官であったとき、戦争拡大方針の了承を本国に求め、さらに、原爆を使用する裁量権を求め、具体的に26発の原爆投下の許可を求めていた。「非武装・不戦」憲法の誕生に大きな役割を果たした人物が、戦争拡大を意図し、究極の兵器を使おうとしたのである。戦争放棄を称賛したのも、26発の原爆を投下しようとしたのも、間違いなく彼であった。彼は次のように語っている。

「私は、今生きている誰よりも戦争について知っています。私にとってこれほど嫌悪すべきものは他にありません。しかしいったん戦争が我々に押し付けられれば、これを迅速に終わらせるためには、使えるすべての手段を使う以外に選択肢はありません」（1951年4月19日　占領軍司令官退任演説）

人類にとって最も嫌悪すべき行為の戦争、彼はそれを職業としてきた。職業軍人にとっては、戦場では勝利以外は何の価値もない。勝利のために悪魔とでも親しくなる。核兵器という悪魔が味方に見えてしまう。一度仲良くなってしまったら最後、それ以後、悪魔は、目の前のどんな敵よりもっともっと手ごわい敵として、誰のコントロールも効かない存在となる。

〝人間がつくり出した悪魔〟〝大量殺人の道具＝軍事力〟をコントロールできる人はどこにもいない。

「悪魔とは手を切れ」、日本国憲法第9条はそんな単純な真理を書いているだけである。

第2部

混乱する9条論議

第Ⅴ章　憲法の平和主義　国民世論調査が示していること

【資料】平和主義に関する、世論調査データ

記号は、総理府（S）、日本放送協会（N）、朝日新聞（A）、読売新聞（Y）、毎日新聞（M）、共同通信社（K）、フジニュース（F）とする。

①憲法を読んだことがある（1952年以降）

	A52年	S60年	S65年	S74年
	33%	20%	37%	41%

②憲法全体への評価（1952年以降）

	Y52年	S58年	S66年	S68年
日本にふさわしい	18%	40%	46%	42%
ふさわしくない	45%	30%	21%	25%

	S66年	S67年	S71年	A80年
良い憲法だ	50%	56%	52%	55%
良くない憲法だ	9%	7%	9%	27%

【国民が望む政策】

③戦争についての考え（1953年以降）

	S53年	S59年	N67年
どんな戦争も絶対否定	15%	30%	77%
条件付きで容認	75%	60%	21%
（自衛のためならば等）			

もし戦争が起きたら国のために戦いますか

（世界価値観調査 World Values Survey ２０２１年の日本の回答　18歳以上）

はい戦います　13・2%
いいえ戦いません　48・6%
わかりません　38・1%

79か国中、日本は、「はい」が79位（はいが少ないので1位）、「いいえ」が6位、「わかりません」が1位であった。「はい」の1位はベトナムで96・4%、「いいえ」の1位はマカオで59%であった。

④日本に軍隊は必要か（1950年以降）

	M50年	A51年	M52年	S53年	S57年	S68年1月	A68年12月	S71年
必要	66%	71%	39%	62%	64%	49%	64%	46%
不必要	17%	16%	38%	27%	19%	49%	26%	33%

⑤自衛隊は必要か（1956年以降）

必要である　S56年（58%）S65年（82%）M71年（71%）S75年（80%）

［近年調査］（2017年以降）

自衛隊が存在する目的は何か（複数回答可　上位のみ）

	N17年	N22年11月
災害時の救援活動や緊急の患者輸送など	81・9%	88・3%
周辺海空領域における安全確保、島しょ部に対する攻撃への対応	74・3%	78・3%
住民の避難など、日本が武力攻撃を受けたときの国民の保護	未確認	77・7%
弾道ミサイル攻撃への対応	未確認	55・7%

⑥自衛隊、増強か縮小か（１９５４年以降）

	S54年	S56年	S59年	S63年	Y71年	N73年	A77年	A80年
増強すべき	23％	17％	31％	15％	40％	15％	23％	22％
縮小・廃止すべき	20％	17％	10％	13％	10％	9％	15％	16％

［近年調査（内閣府）］（1991年以降）

	91年	15年	22年11月
増強すべき	7・7％	29・9％	41・5％
縮小すべき	20・0％	4・6％	3・6％

⑦核武装に賛成か（１９５５年以降）

	S55年	A68年	A81年
賛成	23％	20％	11％
反対	62％	56％	82％

⑧憲法９条改正への賛否（１９５２年以降）

	A52年	Y52年	A53年	Y53年	A57年	S60年	A68年	A70年	Y81年
改正すべき	31％	48％	31％	41％	32％	18％	19％	27％	14％
すべきでない	32％	39％	42％	38％	52％	49％	64％	55％	71％

［近年調査］（２０１７年以降）

	N17年	N23年
改正する必要がある	25%	32%
必要はない	57%	30%

［近年調査］（２０１７年以降）

改正賛成理由	N17年	N23年
自衛力を持てることを憲法に明記すべきだから	57%	62%
国連の平和維持活動などに、より積極的に貢献すべきだから	24%	16%
海外で武力行使ができるようにすべきだから	7%	7%
自衛隊も含めた軍事力を放棄することを明確にすべきだから	8%	9%

改正する必要がない理由		
平和憲法の最も大事な条文だから	58%	68%
海外での武力行使に歯止めがかからなくなるから	22%	10%
改正しなくても憲法解釈の変更で対応できるから	11%	16%
アジア各国との関係を損なうから	5%	6%

【国民の憲法解釈】

⑨日本は軍備を持てるのか（１９６２年以降）

	S62年	S71年
いっさいの軍備が否定されている	17%	32%
自衛の軍備まで否定されていない	37%	39%

⑩敵のミサイル基地をたたく反撃能力について（N２０２２年11月）

憲法９条に抵触する　25%　抵触しない　20%　どちらとも言えない　49%

⑪自衛隊は合憲か違憲か（１９６８年以降）

	A68年	K73年	N74年	K78年	A81年
合憲	40%	25%	40%	51%	47%
違憲	17%	26%	17%	20%	17%
いちがいに言えない	26%	33%	35%	21%	23%

（１９７３年は長沼判決第一審の年）

［近年調査］（１９９２年以降）

	N92年	F05年	N17年
合憲	48%	59%	62%
違憲	18%	26・5%	11%
どちらとも言えない	28%	14・5%	22%

⑫憲法学者へのアンケート（１９９１年以降）

	Ａ91年（１７２人中）	Ａ15年（２０９人中）
自衛隊は憲法違反にあたらない	未確認	28人
自衛隊は憲法違反にあたらない可能性がある	未確認	13人
自衛隊は憲法違反にあたる	68人	50人
回答なし	未確認	１１８人

１　「軍隊は必要」が一貫した多数世論

資料①に関して

現在、義務教育では小学校６年生、中学３年生で憲法を学習することになっている。憲法を読んだことがある人の割合は少なく、特に１９６０年では５人のうち４人が憲法を読んでいない。

憲法の誕生過程や、政府の解釈変更の歴史について、自ら学んだ経験がある人はもっと少ないだろう。とすれば、国民が触れる憲法に関する情報のほとんどは、文科省検定済教科書の記述や日々のニュース報道、政府の広報などで占められているだろう。政府から与えられた情報にのみ依存している人が大多数となっているとすれば、そのこと自体が問題である。

資料②に関して

１９５２年のデータから、最初は、新しい憲法に対して国民は好感を持っていなかったことがわかる。国民運動で〝勝ち取った民主主義憲法〟ではなく、アメリカに〝教えられた民主主義憲法〟だったのは事実であるから、自然な受け止め方なのかもしれない。ただし、年とともに好感度が高まっていったことがわかる。

資料③〜⑧に関して

国民がどのような安全保障政策を望んでいるのか示されている。

ここで最も注目すべき点は、国民の多数は、戦後直後からずっと「軍隊は必要である」と考えていたということである（データ④）。

１９４６年に議決されたとき、政府もすべての国民も、９条で「自衛のためであろうと戦争はしない。軍隊はもたない」と決められたと理解していた。１９４６年〜１９５２年の世論はデータがなく、推測であるが、軍隊が必要と考える国民は９条に不満を持っていたと考えられる。

世界常識の先を行く9条の平和主義は、多数の支持を得ていた時代はなかったことになる。この事実は、「非武装・不戦」を支持してきた人間にとっては極めて残念であるが、いかに残念であろうと目を背けることはできない事実である。

ただ、条文に「非武装・不戦」と明記されているのは厳然とした事実であるし、1950年代の後半以降は、その9条が支持されてきたのも事実である（データ⑧　ただし最新の2023年のデータには注意）。

問題は「軍隊は必要」と考えている国民が「9条を支持」していることである。どう考えるべきなのか。次のようにしか考えられない。

朝鮮戦争を機に〝9条の解釈〟が始まり、警察予備隊（1950年）、保安隊（1952年）、自衛隊（1954年）がつくられ、さらに鳩山一郎内閣は「憲法は自衛のための戦争は放棄していない」という政府見解（1954年）を発表した。もちろん、それまでの政府の見解を180度変更したことになる。

「なんだ、9条は自衛隊程度の軍隊ならば禁止していないと解釈してもよいのか。そんな解釈が可能ならば、9条は改正する必要がない」、「条文そのものにこだわる必要はない。世界情勢に応じて政府が解釈を変えて、自衛のために必要な戦力は備えると政府が言っているのだから、それでよいことにしよう」というような考えが国民の中に生まれてくる。

１９５０年代後半以降、「９条は改正すべきではない」が多数となっているのは、政府の〝解釈〟によって自衛隊という戦力が既成事実化されたからではないだろうか。

もちろん、国民は、戦前のような軍国主義復活には反対であり、不必要な軍隊増強にも反対している（データ⑥）。「自衛のための軍隊であればよい」という、現代の〝世界では多数の国の常識〟が日本国民の考えである。そして、政府の見解や政策的既成事実に影響されたことは確かであるとしても、完全にそれらに追従するのでもなく、冷静に「専守防衛」の枠内での安全保障政策を望んでいたことも確かである。核武装には明確に反対しているし、北朝鮮のミサイル発射実験を最大限利用した政府の軍拡宣言にもかかわらず、「敵のミサイル基地への攻撃」に賛成することには躊躇している（データ⑦⑩）。

「世界の常識の先を行く平和主義」が９条であるが、国民の多数は、このような本来の９条の平和主義を支持したことはなかった。極めて残念ではあるが、大戦までは強烈な軍国主義一色であった日本において、一気に「世界の常識を超えた平和主義」を謳った９条を制定したことへの国民的支持を得ることの難しさは理解できる。あまりにも急激な変化が、あまりにも短時間（1年足らず）で、しかもＧＨＱの力を借りてもたらされたのである。社会全体が大きく変わるには、もっと大きな国民運動と、もっと長い時間が必要であったというしかない。

③「戦争についての考え」の調査結果は、単純な解釈では済まないように思われる。問

題は次の㋐～㋔である。㋐㋑㋒は④⑤⑥から、㋓㋔が③からのデータである。

㋐「軍隊は必要」が46％で多数（71年）㋑「自衛隊は必要」が71％（71年）、80％（75年）㋒「自衛隊を増強すべき」が22％（80年）、42％（22年）で多数㋓「どんな戦争も絶対否定」が77％で多数（67年）㋔「もし戦いが起きたら戦いますか」（21年）に対して「戦う」が13％と少数（79ヶ国中もっとも少ない）で「戦わない」が49％と多数。

㋓㋔の結果と㋐㋑㋒は一見矛盾しているように思われる。特に、㋓「戦争絶対否定」ならば㋐「軍隊必要」ではないはずである。ただ、世論調査が現状を忠実に反映しているのなら、何らかの意味があるはずである。私には、次のような解釈しかできなかった。

回答者は、㋐㋑㋒については、自分の問題というより「国の政策として軍隊を増強」と答え、㋓㋔は自分の関わり方として「戦争は絶対拒否、戦わない」と答えているのではないだろうか。もちろん推測でしかないが、もし、この解釈が正しければ、個人として望むことと国の政策の乖離の問題ということになる。「戦争は嫌だ」が、「それは国に任せる」ということになれば、日本社会にとって健全な状態ではない。国として戦えば、個人として戦争に関わらないわけにはいかないからである。自ら兵士となる可能性もあれば、近年の戦争では兵士以上に一般人が犠牲となっている。

その点、ベトナムのデータはわかりやすい。これも憶測でしかないが、ベトナムは、インドシナ戦争やベトナム戦争を戦い抜いて独立を勝ち取り現在に至っているが、それがベ

料金受取人払郵便

大阪北局
承認

1635

差出有効期間
2025 年 1 月
31日まで
（切手不要）

郵便はがき

553-8790

018

大阪市福島区海老江5-2-2-710

㈱風詠社

愛読者カード係 行

ふりがな お名前		大正 昭和 平成 令和　年生　歳	
ふりがな ご住所	□□□-□□□□	性別 男・女	
お電話 番　号		ご職業	
E-mail			
書　名			
お買上 書　店	都道 府県　市区 郡	書店名	書店
		ご購入日	年　月　日

本書をお買い求めになった動機は？

1. 書店店頭で見て　2. インターネット書店で見て
3. 知人にすすめられて　4. ホームページを見て
5. 広告、記事（新聞、雑誌、ポスター等）を見て（新聞、雑誌名　）

風詠社の本をお買い求めいただき誠にありがとうございます。
この愛読者カードは小社出版の企画等に役立たせていただきます。

本書についてのご意見、ご感想をお聞かせください。
①内容について

②カバー、タイトル、帯について

弊社、及び弊社刊行物に対するご意見、ご感想をお聞かせください。

最近読んでおもしろかった本やこれから読んでみたい本をお教えください。

ご購読雑誌（複数可）	ご購読新聞
	新聞

ご協力ありがとうございました。

※お客様の個人情報は、小社からの連絡のみに使用します。社外に提供することは一切ありません。

トナム国民の誇りとなり、国策と個人の望みに乖離が生まれていないのではないだろうか。インドシナ戦争やベトナム戦争の経緯を知っている私たちは、ベトナム国民の世論の到達点を称賛することはできても、批評することなどできない。その点では、現在、ロシアの侵略に対して自衛のための戦いに苦しんでいるウクライナ国民に対しても同じである。

ベトナム戦争では、兵士民間人合わせて約３００万人（アメリカの約50倍）が戦死し、ウクライナでは現在も犠牲者が増え続けている。武力をもって戦うことなく私たちは生きていけないのか。ベトナムの人々とは違った方法では生きてゆけないのか。９条は、ベトナムの人々とは別の道を歩もうとする条文である。第３部で議論を掘り下げたい。

２　近年の世論の特徴

近年（例えば２０１５年以降）の世論で、国民の意識に大きな変化が生じているのは特筆すべきである。もともと国民にとって「自衛隊は自衛のための戦力として必要」との認識は一貫したものであったが、「自衛隊を増強すべき」という意見が少数（１９９１年で７・７％）から一気に増えている（２０１５年29・9％　２０２２年41・5％　データ⑥）。

さらに「９条を改正すべき」が増え、「改正すべきでない。改正の必要はない」が大きく減っている（データ⑧）。

例えば、２０２３年のデータから、「９条改正の必要あり」と答えた32％の人がどのような考えなのか推測することが可能である。改正すべきと考えた人の62％が「自衛力を持てることを明記すべき」と答えている。つまり、20％（0.32×0.62≒0.2）の人が、今までのように解釈で左右される曖昧な存在であることを嫌がっている。同時に「９条改正の必要なし」と答えた30％の人の考えも、憶測することができる。同じく20％（0.3×0.68≒0.2）の人が「平和主義を守るため」と、本来の９条を支持している。

特に注意してほしいのは、数値的には大きくないが、今まではなかった、一見理解に苦しむような意見である。「改正すべき」理由に「自衛隊を含めた軍事力を放棄すべきだから」を挙げている人が９％（全体では0.32×0.09≒0.03で３％弱）出てきている。「戦力を保持しない」という条文があるにもかかわらず自衛隊が認められていることへの不満が、このような意見を生み出していると解釈するしかない。

改正派も改正反対派も、曖昧な〝解釈〟と既成事実の積み重ねで憲法が変質させられていること、つまり条文と現実の乖離に我慢の限界を感じ、より明確な表現を求めているのである。

資料⑨～⑪に関して

国民の憲法解釈を問う質問である。

③～⑧の質問では自分の望む政策を問われており、どのように答えても、自分の考えを答えているのだから正解も誤りもない。しかし、⑨～⑪の質問には、正解と不正解がある。⑪では、自衛隊は「合憲」か「違憲」か、どちらかが正解でどちらかが誤りである。政府は合憲であると言っているが、長沼判決一審では違憲とされ、最高裁は「判定しない」と明言している。人によって主張は違っているが、どちらかが正解でどちらかが誤りである。〝どちらとも言えない〟というのは、正直な感想であるとしても、正解にはなり得ない。憲法も法律も判定するためにつくられているので、判定できなければ〝欠陥条文〟になるからである。

一方で９条の条文があり、一方で年間５兆円以上の予算をつぎ込んで兵器を装備した組織が存在している。そのような大きな組織が〝合憲・違憲どちらとも言えない〟では済まない。私はこの本で「自衛隊は違憲」であることを、具体的な事実経過に即して記述した（第Ⅰ～Ⅳ、Ⅵ～Ⅷ章参照）。最高裁は「判定しない。判定すべきでない」と責任放棄しているが、「判定できない」とは言っていない。

このような立場から⑨～⑪のデータを見ると、大きな問題点が見えてくる。どちらが正解であるとしても、正解率が低すぎる。例えば１９７８年のデータを見ると、合憲51％、違憲20％、いちがいに言えない21％（8％は回答無し？）となっている。

合憲が正解だとすれば正解率は51％（49％が誤り）で、違憲が正解だと正解率は20％（80％が誤り）である。長沼判決（一審）が出された1973年は、合憲が正解だと正解率25％、違憲が正解だと正解率26％である。国民の4分の3が解釈を誤っていることになる。仮に正解率が51％だとしても、国の在り方を決めた憲法の解釈としては低すぎる正解率である。

個人が意見を表明する賛否では意見が割れるのは当然あり得ることであるが、客観的に存在する条文の解釈が異なるのは、あって当然のことではない。解釈が分かれるのは、そのこと自体が大きな問題である。

2015年以降の数値を見れば、近年は「合憲」が増える傾向にある。仮に、北朝鮮のミサイル実験、中国の動きなど世界情勢を反映しているのであるとすれば、それも問題である。政策願望と憲法解釈を混同するのは誤りである。「安全保障政策はこうあってほしい」という願望を持つのは自然なことであるが、だからといって願望に合うように条文の解釈を歪めてはならない。法体系が願望の通りになっていなければ願望実現の方向へ改正するように運動しなければならないだけの話である。

3　世論の混乱の原因

憲法解釈の正解率が低すぎること、情勢によって正解率が大きく変動すること、ともに国民の間で確かな憲法解釈が根付いていないことの現れである。

採るべき政策に対して賛成と反対に意見が分かれるのは、混乱ではなく民主主義の健全な姿である。しかし、正解が存在するはずの解釈を巡って意見が割れていることは混乱であり、民主主義の障害である。

混乱の原因は、安全保障政策の意見の対立にあるのではなく、意見を交わす前提である事実認定における不誠実さにある。「自衛のための戦争も武力も放棄する」として、９条は制定された。子どもたちには、「戦争をするための兵器はいっさいもたない」と教えた。

ＧＨＱに指導された吉田内閣の下で、「Small Army」と呼ばれる警察予備隊が創設され、戦車も軍艦も戦闘機も装備した自衛隊になり（１９５４年）、憲法違反の既成事実が発生した。同時に、子どもたちに憲法を教えた教科書は、廃刊となった。

鳩山一郎内閣は「憲法は自衛のための戦争も戦力も放棄していない」と、吉田首相の提案と真逆の政府見解を発表し（１９５４年）、田中内閣は「個別的自衛権のため、必要最少限度の武力行使は９条の下でも可能である。しかし集団的自衛権行使は許されない」と、政府見解をまたもや手直しした（１９７２年）。安倍内閣は「場合によっては、集団的自衛権も可能である」とまたもや解釈変更を行った（２０１４年）。岸田内閣は「敵のミサイル攻撃を防ぐためには、敵基地を攻撃することが必要」と、敵基地攻撃能力のためにアメリカ製のトマホークミサイル４００発を配備することを決め、国産ミサイルを開発する方針も立てた（２０２２年）。岸田内閣の軍拡計画では、日本は世界３位の軍事費（防衛費）大国になる。

長沼裁判第一審では、自衛隊の装備を具体的に調査検討し「自衛隊は戦力である」と違憲判決（第一審）を下したが、最高裁は、「高度な政治性を持つ問題は、裁判所は司法判断してはならない」として違憲判決を棄却した。それだけにとどまらず、第一審（札幌地裁）の福島重雄裁判長が所属していた青年法律家協会（青法協）は「偏った団体である」と攻撃され、強い排除圧力を受けた（第Ⅵ章「失われる司法の独立」参照）。

子どもたちに大きな影響を与える教科書記述について言えば、現在は、政府の見解を軸に記述している。例えば発行部数最多の教科書では「政府は、主権国家には自衛権があり、憲法は『自衛のための必要最小限度の実力』を持つことは禁止していないと説明しています」と書かれているだけである。丁寧な記述をしている教科書（発行部数４位）でも「自衛隊の設置が９条に適合しないという見解もあります」というような併記がされているだけである。また、２０２３年の夏に決定される小学6年生向けの教科書からは、「憲法違反見解の併記」さえなくなるような動きが強められていると報道されている。

憲法学者も十分な責任を果たしているとは言えない。⑫のデータからわかるように、意見表明する学者が少なすぎる。さすがに、回答した学者では「憲法違反」が最多数にはなっているが、憲法違反ではないと答えた学者も少なくない。安倍内閣の解釈変更には9割以上の学者が憲法違反の意見を表明したが、自衛隊の存在そのものに見解を示しているわけではない。学者の社会的責任も問われるべきである。

このような状況下、国民の憲法解釈混乱は、起こるべくして起きている。政府見解をはじめから否定できる国民は多数ではないだろう。裁判所や学者の見解には、一定の敬意を払って耳を傾けるだろう。初等教育を受ける子どもたちに、教科書の記述に批判的な読み方をせよと言うのは無理である。

「戦力を放棄する」と書かれた9条があり、「自衛のためであろうと戦力は持つことができない」との吉田首相の提案説明があり、「自衛隊は自衛のためだから憲法違反ではない」という政府見解があり、「自衛隊は9条に違反している」との意見があり、これらの矛盾した記述が併記されている。子どもたちは、これらの矛盾した記述をどう理解すればよいのだろうか。教科書には、解釈が混乱した9条の姿がそのまま映し出されている。混乱の責任は度重なる政府解釈変更にある。

戦後78年間、憲法条文は一切変わっていない。変わっているのは、政府の見解だけである。国民世論混乱の原因が何なのか明らかである。

第Ⅵ章　失われる司法の独立

第Ⅴ章（憲法の平和主義、国民世論調査が示していること）で見たように、９条の国民的議論は混乱している。司法は、その混乱に大きな責任を負っている。

２０２３年6月、バイデン米国大統領は「私が岸田首相を説得し、日本の防衛費大幅増額を決意させた」と、大統領選挙に向け手柄をアピールしている。日米の政治的関係を象徴する出来事である。

アメリカはその世界戦略から、日本に防衛費増額を〝説得＝命令〟する。日本政府は〝説得〟通りに政策を進める。たとえ憲法違反であろうと裁判所も違反と言わないので、誰も止められない。

内閣は、最高裁長官を指名し、すべての裁判官を任命する権限を持っている。政府の基本方針を「憲法違反」と制止するような裁判官を指名・任命しなければ、どんな政策でも推進できる。

このようにして、違憲立法審査権は無力化され、憲法76条３「すべて裁判官は、その良心に従ひ独立してその職権を行ひ、この憲法及び法律にのみ拘束される」は蹂躙される。「裁判官は、憲法と法律ではなく、〝高度な政治判断〟に拘束される」。

この章では、９条が問題となった「砂川事件裁判」「恵庭事件裁判」「長沼訴訟裁判」を取り上げる。これらの裁判では、結局、裁判所が「良心に従い、憲法第76条に従うのか、それとも良心を捨て、法を無視して政府の政策を容認するのか」が問われた。勇気ある裁判官がいたにもかかわらず、これらの裁判を通して「司法の独立」はますます失われていくこととなった。現在の事態は深刻である。

1　砂川事件裁判

１９５７年７月、東京都砂川町（現立川市）の米軍使用の立川飛行場拡張に反対するデモ隊のうち数名が飛行場内になだれ込んだ事件である。数メートル程度の立ち入りで軽犯罪法の適用も可能であったが、「日米安保条約に基づく行政協定に伴う刑事特別法違反」として、７名が起訴された。この「特別法」は、安保条約による米軍駐留が憲法違反であれば効力を失うので、米軍駐留の憲法判断が問われた。

（1）第一審判決（伊達判決）（1959年3月30日）判決は無罪

第一審、判決理由の主旨は、㋐〜㋔のように明快である（要約）。

㋐駐留米軍は、日本の安全と極東の国際平和のため軍事活動を行うことができる。日本を守るための戦力である。

㋑米軍駐留は、アメリカの一方的な決定ではなく、わが国政府の要請とアメリカ政府の承諾が合致してのことである。

㋒9条は、国家政策としての戦争、武力による威嚇、武力行使を放棄し、その裏付けとして、戦力を一切持たないと規定している。もちろん、主権国家としての自衛権は否定していないが、自衛のためであろうと、戦力を用いる戦争及び戦力の保持は否定している。

㋓米軍という戦力の駐留を許しているのは日本政府である。日本政府の採っている米軍駐留政策は憲法違反である。

㋔従って、刑事特別法は無効であり7名は無罪である。

（2）ごまかしと論理破壊の最高裁判決（1959年12月16日）第一審を破棄

最高裁判決、判決理由の主旨は次の①～⑦のようになっている（要約）。

①９条は戦争を放棄し、戦力の保持を禁止しているが、主権国家として持つ固有の自衛権は否定されていない。憲法の平和主義は決して無防備、無抵抗を定めたものではない。自衛の措置は取り得る。

②９条２項に戦力は保持しないとあるので、我が国の防衛力不足が生じる。

③憲法前文に「平和を愛する諸国民の公正と信義に信頼して、われらの安全と生存を保持しようと決意した」とあるので、わが国の防衛力不足を補うため、他国に安全保障を求めることを憲法は禁じていない。

④９条２項が禁じた戦力とは、わが国が指揮権を行使し得る戦力であり、駐留する外国軍隊は、ここにいう戦力には該当しない。

⑤安全保障条約に基づく米軍駐留は、高度な政治性を有しており、違憲なりや否やの判断は裁判所の審査にはなじまない。司法審査権の範囲外のものである。

⑥駐留軍隊の目的は、わが国と極東の平和と安全のため、我が国の防衛力不足を補うものである。

⑦原判決（伊達判決）は、裁判所の司法審査権の範囲を逸脱し、９条２項及び憲法前文の解釈を誤っている。刑事特別法２条を違憲無効としたのは失当であり、破棄を免れない。

この最高裁の判決理由は論理的に壊れており、精読に堪えない。そのことを具体的に示したい。第一審と最高裁の論旨を比較すると、そのことがよくわかる。

文章上は、①②と㋒は基本的には同じ内容である。㋒では「戦力を用いた自衛権行使を禁じている」と明確であるのに対して、①では「戦力保持は禁止しているが、主権国家固有の自衛権は否定されていない。無防備・無抵抗ではない」とされ、㋐とは力点の置き方が異なる書き方をしている。ただ、②で「戦力を保持できないので、防衛力の不足ができる」と書かれている。従って、①②を合わせれば、「最高裁判決で言う自衛権とは、（②戦力は保持できないので）、戦力に依らない自衛力（防備手段・抵抗手段）である」というようにしか読めない。このように、①②と㋒はともに9条を確認した文章であり、基本的に「戦力不行使・戦力不保持」という解釈で一致している。

②から③⑥への論理展開に問題がある。「②防衛力不足が生じる」ので「③他国からの安全保障の補いを憲法は禁じていない」とつなげられ、「⑥駐留米軍は、日本の防衛力不足を補うので、憲法で禁じられていない」と結論付けられる。

まず、言葉の使い方をあえて曖昧にしている。「②防衛力不足を補う」ために「③他国からの安全保障の補いは禁じられていない」と書かれている。防衛力というのは、②を読めばわかるように、戦力の意味で使われている。安全保障というのは、一般的には、軍事的安全保障、食料やエネルギー、資源などの安全保障も含まれ、広い意味で使われることも多い。

ここでは軍事的な意味で使わなければ論旨がつながらないはずであるが、あえて明確にしていない。ただ、「⑥駐留米軍の目的は、わが国の防衛力不足の補いである」と論理がつながっているので、②③⑥の論理展開は「憲法前文より、我が国の防衛力不足を、米軍の戦力で補ってもらうことは、憲法で禁じられていない」と読むしかない。憲法前文を、米軍による防衛力の補いを認める根拠にしている。とんでもない暴論である。

憲法前文は「平和を愛する諸国民の公正と信義に信頼して、われらの安全と生存を保持しようと決意した」となっているが、ここに米軍駐留の根拠を求めるのはとんでもない。前文は「諸国民の公正と信義に信頼して安全を保持する」となっているのであって、「諸国（アメリカ）の軍事力に頼って安全を保持する」と読むことはできない。頼るのは「公正と信義」であり、「軍事力」ではない。そもそも、「戦力不足をアメリカ軍に補ってもらえる」などという結論をここで下すことが可能であれば、④以降の議論（アメリカ軍の指揮権の議論）などは必要ないはずである。

最大のごまかしは④にある。④と㋑㋓を比較検討してみよう。

㋑㋓の論旨は、「日本国内に米軍を駐留させているのは日本政府である。戦力である米軍を駐留させている日本政府の政策が憲法違反である」と明快である。④は、「米軍は日本の指揮権の及ばない存在だから、９条では禁止できない」という主張である。④は論点をすり替えている。米軍の指揮権は米国にあるに決まっている。「米軍が日本国憲法に違反しているか否か」というような馬鹿げた問題が議論されているわけではない。米軍を駐留させ活動を許すのか許さないのかは、日本政府の政策判断である。裁判で問題となっているのは、日本政府の政策である。完全な論理のすり替えである。

日本国が直面する国際問題の解決のために米軍が軍隊として活動すれば、「㋐米軍という日本を守る戦力」を用いて紛争解決にあたることとなり、それは明確に日本国憲法が禁じていることである。日本政府が米軍の駐留を認めなければ、また米軍の活動を要請しなければ、日本が関係する国際紛争で「㋐米軍という戦力」が行使される余地はない。日本政府が駐留を認め、米軍の活動を要請することで「㋐米軍という戦力」が紛争解決に使われることになる。「①②㋒戦力不保持、武力行使を放棄」が９条であり、「㋐米軍という戦力」を使うのか使わないのかは日本政府が決めるのである。「①②㋒９条は、日本政府が戦力を用いることを禁じている」から、「米軍を駐留させている日本政府の政策は憲法違反である」ということになる。単純な話ではないか。

①〜④⑥で、議論の体裁だけは取っている。憲法前文のとんでもない解釈によって、第一審の判定を覆そうとしているが、十分な論証ができないまま、途中で議論を放り投げ、そして、①〜④⑥の議論とは何らの脈絡もなく唐突に、⑤⑦の「統治行為論」が登場する。

「⑤安保条約（米軍駐留）は高度な政治性を有するので司法判断になじまない」「⑦原判決は、司法審査権の適用範囲を逸脱している」と平気で書いている。いったい、それまでの①～④⑥までの議論は何だったのか。⑤⑦を使うなら、判決理由は⑦だけで終わる。「安保条約は司法審査になじまないので、米軍の駐留を憲法違反とすることはできない。従って刑事特別法を違憲無効とすることはできない。有罪である。」で、すべて終わりである。実際、長々と書かれている判決理由で、第一審の破棄という結論につながっているのは、⑤⑦の「統治行為論」だけである。

とにかく、砂川裁判の最高裁判決理由文は、詳しく読めば読むほど言葉の曖昧さに頼ったトリックなど、酷さが露わになる。酷さにおいて〝歴史的判決文〟である。このような醜さは「１９７２年の政府見解」にも引き継がれている（第Ⅷ章「「憲法13条が武力行使を認めている」?! 論理破壊の『72年見解』」参照）。

(3) 砂川裁判の歴史的意味

砂川裁判の判決（第一審と最高裁判決）と、それが生み出された経過、その後への影響は、日本の戦後の司法の方向を決めたと言ってもよいほど重要である。

まず第一に、憲法条文に忠実な第一審判決が、論理性が壊れている最高裁判決によって破棄されてしまった。このことの理不尽さは、今日の日本社会全般に蔓延する理不尽さに直結している。

多くの重大問題で、司法は独立性を失い権力者が望むような〝法的判断〟が乱発され、ごまかしの論理破壊が当たり前となり、不正が大手を振って表通りを歩き、政治腐敗は深く広く日本国中を蝕み続けている。司法が根幹的な問題で〝権力者の統治手段〟に成り下がっているからである。沖縄県民にとって、特に大きな負担となり続けている米軍基地の問題は、砂川最高裁判決が責任を負っている。

この裁判は、跳躍上告され、高裁の裁判を跳ばして、直接最高裁で裁かれることとなった。異例のことである。第一審は１９５７年から1年数か月かけて審議されたのに対して、第一審から最高裁判決まではたった９か月であった。１９６０年安保条約改定に間に合わせようと急いだと、多くの歴史家は指摘している。１９６０年までに、「米軍駐留は違憲」という判決を破棄しておきたかったのである。

最高裁判決から約50年後の、２００８年、２０１１年、２０１３年に、最高裁の砂川裁判について、驚愕の事実が明らかとなった。最高裁の田中耕太郎裁判長は、砂川裁判の期間中、憲法37条1項違反、裁判所法75条2項違反を犯していたことが、公開されたアメリカの公文書から明らかとなった。国際問題研究者の新原昭治、ジャーナリストの末浪靖司、山梨学院大学教授（当時）の布川玲子らの努力によって、詳細な事実が突き止められた。

なんと、田中裁判長は、裁判期間の要所要所で、裁判の原告側（米軍）と連絡を取り合い、裁判の内部情報（15人の裁判官の考えている論点など）、判決言い渡しの時期、裁判の方向付け、予測的事実（第一審は覆される）を伝えていた。

原告側にこのような裁判情報を流すのは、明らかに不公平である。憲法37条1項「すべて刑事事件においては、被告人は、公平な裁判所の迅速な公開裁判を受ける権利を有する」に違反する。また、裁判所法75条2項「評議の経過並びに各裁判官の意見及びその多少の数については、この法律に特別の定めがない限り、秘密を守らなければならない」に違反する。秘密を、すべて原告側の米軍関係者に伝えていたのである。

このような事実が判明して、２０１４年、元被告人である土屋源太郎ら４人が再審請求を提出した。再審請求は、最高裁まで上告されたが棄却となった。このような経過から、私たちは、悲しいことであるが、「最高裁は〝腐りきっている〟」と判断せざるを得ない。

もちろん、貴重な第一審判決の意義は忘れてはならない。また、伊達判決が国民運動の高まりや、米軍基地撤去を公約した美濃部亮吉の東京都知事当選、１９６９年の砂川の土地収用取り消し、といった具体的成果につながったことも忘れてはいけない。

しかし、このような積極的成果があったとしても、司法としては、出された判決が正しければ正しいほど、それを葬り去るやり方は、より醜悪になっている。

田中耕太郎は、砂川判決後１９６１年から１９７０年まで国際司法裁判所判事を務め、それらの〝功績〟から、没後１９７４年、一般人としての最高の勲章である大勲位菊花大綬章を閣議決定で与えられた。国際司法裁判所判事就任はアメリカの支持を得て可能となったと言われている。アメリカと日本政府に〝忠誠〟を尽くした証の勲章である。

後の節で記述するが、長沼裁判で、司法の独立を守り憲法と法にのみ忠誠を尽くした福島重雄裁判長が、裁判後は活躍の場を十分与えられなかったのと対照的である。裁判の内容を知る者には〝勲章〟の恥ずべき意味がよくわかる。しかし、同時に、司法の独立が侵されていくという悲しい現実を見せつけられれば、司法への不信は募るばかりである。

２　恵庭事件　あきれた判決

１９６２年12月、北海道千歳郡恵庭町（現恵庭市）に住む酪農家の兄弟２名が、牧場に隣接する陸上自衛隊島松演習場の施設である電話回線を切断し、自衛隊に被害を与えたという刑事事件である。

兄弟は、かねてより、自衛隊の実弾射撃演習における砲弾の音が原因で、乳牛の早産・流産、乳量減少などの被害があることを訴え、演習中止を申し入れ続けていた。改善されないので、自衛隊の演習時に使用される電話回線を切断するという行為に及んだ。

事件は、刑法の器物損壊罪ではなく、自衛隊法１２１条違反として起訴された。この１２１条は「自衛隊の所有し、又は使用する武器、弾薬、航空機、その他の防衛の用に供するものを損壊し、又は傷害した者は、５年以下の懲役又は５万円以下の罰金に処する」となっている。

判決は無罪であった。次のような、あきれた判決理由が述べられている。

「武器、弾薬、航空機、というような例示物件と電話回線は同列に評価し得るものではない。（電話回線は）防衛の用に供するものにはあたらない。従って、自衛隊法１２１条の構成要件に該当しないので、無罪である」

そして、さらに「このような理由から無罪の結論に達した以上、自衛隊の憲法判断に触れる必要はなく、触れるべきではない」とも述べている。

そして、国（政権）の意向を汲んでいるのか、検察側は大喜びでこのような憲法判断を避けた判決を受け入れ、控訴しなかった。裁判に負けて大喜びの検察の姿もあきれる光景である。

もちろん、このような判決について、法律学者からの批判は少なくない。例えば、「無罪にしろ、自衛隊法１２１条を拠り所として判決を出している。自衛隊が憲法違反の存在であるなら、自衛隊法は判決の根拠にはできないはずだ。無罪であっても、自衛隊法を根拠にするならば自衛隊（法）の憲法判断は必要である」というものである。当然の批判である。

恵庭裁判の〝あきれた判決理由〟は、あきれた日本の司法の象徴である。

3　長沼ナイキ基地訴訟裁判

⑴　判決理由（地裁　高裁　最高裁）第一審の大きな意義

１９６８年６月、防衛庁は、第三次防衛力整備計画の重点項目とされたナイキ（地対空ミサイル）発射基地の建設地として、北海道夕張郡長沼町（当時）の国有林を選定した。長沼町は〝細長い沼地〟の低湿地帯であり、この国有林は、洪水防止と農業用水の確保のための保安林となっていた。

防衛庁はミサイル基地のために保安林指定解除を申請し、農林大臣は森林法26条２項「公益上の理由により必要が生じたとき保安林指定を解除できる」を適用し、保安林指定を解除した。重要な保安林指定の解除に地元農民から反対の声が上がり、１９６９年７月７日、地元農民ら１７３人が、「憲法違反の自衛隊の基地建設のためというのは公益上の理由にならない」として、保安林指定解除を取り消すように訴訟を起こした。

第一審（札幌地裁判決１９７３年９月７日）で「自衛隊は憲法が禁じる戦力である」の判決

判決理由文には以下のように書かれているが、自衛隊の装備や能力を、徹底的に具体的に詳細に検討した結果、自衛隊が軍隊であると断定した点で、歴史に残る判決である。

「自衛隊の編成、規模、装備、能力からすると、自衛隊は明らかに『外敵に対する実力的な戦闘行動を目的とする人的、物的手段としての組織体』と認められるので、軍隊であり、それゆえに陸、海、空各自衛隊は、憲法第９条第２項によってその保持を禁じられている『陸海空軍』という『戦力』に該当する」

このように自衛隊が憲法違反の戦力に当たるという判定によって、ナイキ基地建設に公益上の理由がなくなり、保安林指定解除を取り消せという原告の主張が認められた。

この判決は、後述するように、激しい圧力にも屈しなかった福島重雄裁判長の渾身の判決である。国側は控訴した。

第二審（札幌高裁判決１９７６年８月５日）

「保安林指定解除によって受ける不利益は、保安林に替わる施設（ダム）の完成によって補填されたので、原告らには訴えの利益はない」とされ、第一審が取り消され、訴えが却下された。

また、第一審で「自衛隊はその実態から戦力であり、憲法違反である」という判決が下されたことに関しては、「高度に政治性のある国家行為は、極めて明白に違憲無効であると認められない限り、司法審査の範囲外にある」と、第一審判決を否定している。またしても、法にのみ拘束されるべき裁判官が、統治行為論によって高度な政治性に拘束された。

私たちは、司法には政策の執行ではなく、法的な整合性に基づく判断を求めている。司法が、自衛隊は違憲であると判断しても、それを政策として実行するのは行政や、それを動かす国民世論の力である。司法判断があり、それを受け止めた国会や行政がどのように対処するか、それは司法が関与する範囲外のことであるが、司法判断は裁判所が独立して行わなければならない。

そもそも、政府の行為が合憲ならば、「統治行為論」など持ち出す必要がない。憲法違反に対して、〝高度な政治判断〟から「違反を黙認する」ときにのみ、統治行為論が必要となる。従って、私たちは、「統治行為論」が登場したときは「憲法違反である」と判断すべきである。原告側は、もちろん上告した。

最高裁判決（１９８２年９月９日）

基本的には、第二審でつくられた判決の流れが、そのまま引き継がれた。

つまり、「保安林の代替え施設（ダム）の完成により、住民の訴えの利益はない」という判決である。自衛隊の憲法判断は、ことさらに言及していない。従って、第二審の「統治行為論」による判断が、そのまま生かされたことになる。

結局、自衛隊に合憲、違憲の判断を下したのは、地裁判決だけである。その地裁判決は、「裁判所は判断を下すべきでない」という上級裁判所によって、棄却されて終わったことになる。棄却されたからといって、自衛隊の装備、能力などについて具体的に詳細に検討した判断は否定されていない。合憲という司法判断は出されていない。合憲という判断は、実態を見ればとてもできないからである。違憲であるとしか判断できなくても、政治性からそれを公に発表することもできない。それが、司法の独立を捨てた裁判所にとっての自衛隊である。

長沼裁判の第一審判決は、大きな歴史的意義を持っている。既に強調したように、装備や能力などについて徹底的な検討によって、「自衛隊は軍隊である」と貴重な判定を出し、それは未だに否定されていない。

また、国の根幹的な政策にかかわる裁判では、裁判官に対してどのように圧力がかけられるのか、その実態が裁判の過程で明るみにされた。そして、福島重雄裁判長は、大きな圧力にも屈せず、憲法第76条を守るという自らの信条を貫いたという点でも極めて意義深い。

（2）平賀書簡問題とその後のキャンペーン

しかしながら、私が最も問題にしたいのは、裁判の過程を通じて、司法界全体が政権からの激しい圧力にさらされ、福島裁判長やその支援者たちは屈しなかったとしても、司法界全体が自らの独立を保つ力を奪われていったという経緯である。

福島裁判長が札幌地方裁判所で長沼訴訟を担当し、仮処分を出す直前の１９６９年8月14日、上司にあたる裁判所長の平賀健太から書簡を受け取った。その書簡には「貴兄の一先輩のアドバイスとして、判断の一助にしてください」との前置きの後、「ミサイル基地建設のために保安林指定を解除した農林大臣の判断を尊重すべき」と書かれていた。

このような書簡は裁判所法第81条違反である。第81条は「……裁判所の監督権は、裁判官の裁判権に影響を及ぼし、又はこれを制限することはない」と定めている。また、『逐条解説』ではより具体的に、「監督権を持つ者が、事件について、事実確認または法律適用の見解を述べて、いかなる裁判をなすべきかを示すことは、たとえその動機が当該裁判官の裁判を正当な結果に導こうとするものであっても、許されない」と記述している。裁判所所長という監督者が当該裁判官に裁判の内容に関してアドバイスすることは許されないと明記しているのである。平賀書簡問題とは、このように明らかで単純な、平賀所長の法律違反の問題である。

このような法律違反が平気で行える平賀所長について、その人物像を補足説明しておく。本人の随筆には、とんでもない憲法観が書かれている。

平賀所長が晩年、弁護士の肩書で執筆した『随想　思いつくままに』（民事法情報センター　２００1年）には、個人的な憲法観が記述されている。「日本国憲法は、連合国司令官の命令であり、占領の終了とともにすべての効力を失った。全面改定はもとより部分改定、例えば9条の改定も、第96条の改定手続きによらずに可能である」。また、「憲法によって、違憲立法審査権を与えられているからと言って、立法者の履くべき沓に足を踏み入れてはならない」とも述べている。

日本国憲法がすべての効力を失っているとしたら、日本には憲法はないということになる。あらゆる法律の議論は不可能となる。もちろん違憲立法審査権の議論もできないはずであるが、審査権を制限したいという主張だけは行っている。このような自己矛盾にも気が付かないほど、非論理的な思考をする人物であることがわかる。

どんな憲法観を持っていても個人として思想信条の自由は守られているが、日本の裁判所では、裁判所長を務める人物が、「日本国憲法は効力を失っている」という考え方の持ち主であって職務遂行が可能なのだろうか。このような人物が、福島裁判長の監督者として、札幌地裁裁判所長として赴任してきたのであるが、それが偶然ならば、福島裁判長にとって、あまりにも不運だったことになる。

話をもとに戻そう。この書簡の存在がメディアでも取り上げられた。平賀所長は、ＮＨＫの報道の中で、平然と「後輩にアドバイスすることは、どこの社会にもあることである」と語り、裁判所法81条など〝意に介さず〟という姿勢を示した。長沼訴訟弁護団は平賀所長を国の裁判官訴追委員会に提訴した。裁判官は、訴追を受けた場合、弾劾裁判所で裁判される。訴追するか否かは訴追委員会が審議する。

最高裁判所は１９６９年９月20日、平賀所長に「注意処分」を与え、札幌地方裁判所長から東京高等裁判所へ異動させた。

新聞各紙は、平賀書簡問題を「三権分立の危機」であると大きく取り上げた。合計26本の社説でこの問題が取り上げられ、平賀所長を厳しく批判する内容のものが多かった。ここまでは正常な世論の反応であるが、ここから逆風が吹き始める。

まず、とんでもない暴論が、鹿児島地方裁判所長の飯守重任から発せられた。彼は砂川事件裁判で第一審判決を破棄した最高裁裁判長田中耕太郎の実弟である。また、戦前は、満州国の治安維持法を立法し、戦後「ぼくの書いた治安維持法は中国人の血にまみれている」と自己批判を書いたが、それも「犬死にしたくないと思い書いた〝作文〟にすぎない」（１９６１年１月12日朝日新聞夕刊）と、平気で放言するような人物であった。

彼は、自民党の外部団体である「財団法人国民協会（現在の国民政治協会）」の機関誌に次のような記事を載せた。「反体制集団である青年法律家協会（青法協）に加入している集団とマスコミが事件（平賀書簡事件）を作り上げた。裁判官が反体制集団に加入している状態を放置していて良いのか」という記事である。

裁判官の政治活動については、裁判所法第52条で「裁判官が在任中に議員となり積極的に政治活動をすることを禁じる」となっている。そして、この条文の『逐条解説』には、「積極的政治活動」についての見解として、「裁判官が国民の立場から政府の政策や政党の政策を批判することや、単に特定の政党に加入することなどは禁止されていない」と具体的かつ明確に書かれている。福島裁判長が青法協に加入していることは、なんら問題となることではないことは、法律家ならば誰でも知っていることであった。

飯守の記事はあまりにも乱暴なものであったことから、彼は１９６９年10月14日付で福岡高等裁判所から「厳重注意処分」を受けた。

飯守氏の記事は裁判所から「厳重注意」を受ける代物であったが、この類の出版がこの後も続いた。自由民主党は機関誌で、「『青法協』は司法権独立を隠れミノに体制変革を狙う」「全国に巣食う２０００人」「法曹左傾の原動力」「青法協は完全な左翼団体」と書き立てた。また、月刊誌『全貌』（全貌社　１９６７年10月号特集「裁判所の共産党員」）を、最高裁判所が１７０部購入し資料準備費から支払っていた。また、１９６９年11月には全貌社が『恐るべき裁判　付表・左翼裁判官、弁護士、法学者一覧』を出版した。

飯守の主張や全貌社の出版物、自民党の出版物は悪意に満ちているので、そのまま真に受ける人は多くはないだろう。また、自民党員であろうが共産党員であろうが右翼裁判官であろうが左翼裁判官であろうが、法にのみ拘束されて職務にあたるならば、裁判所で職に就くことに何の問題もない。しかし、世論操作はいつもそのようにされるのであるが、極端な暴論を打ち出すことで正当な議論を委縮させる。また、批判する側もされる側も、双方に問題があるのではないかと思わせ、判断がついてない人々を揺さぶる。

「反体制」という言葉はよく使われるが、正確な定義を聞いたことはない。例えば、与党の政策に批判的であれば、「反体制」と言われるのであろうか。自衛隊を憲法違反と考える人間、学者、裁判官は「反体制」と呼ばれるのであろうか。

政府の政策を批判する権利は、すべての国民に与えられている。批判者を排除するのは、間違いである。「反社会」でない限り、現在の社会システムを批判し改善する考えを持つことは、本来奨励されるべきことである。「体制派」はきっと多数派だから政権を支えられるのだろう。「反体制派」はきっと少数派なのだろう。単に、それだけの話である。戦争中は「戦争政策推進、一億総玉砕」が多数派、つまり体制派であった。多数派が正しいとか少数派が偏っているとか、そのような話ではない。

このように考えれば、「反体制」という批判は、本来、何の批判にもなっていないはずである。しかし、民主主義が未成熟な社会では、何事も十分に議論して判断する習慣や経験が根付いていないので、「反体制」というレッテル貼りが、ネガティブキャンペーンとして効果を発揮してしまう。「青法協は反体制集団だから、偏った集団かもしれない」という「根拠のない警戒心」が、国民世論の中に生まれた。

残念ながら、このような手法の影響が新聞の論調にも表れてしまう。安保条約や、基地問題などについて明確な主張をしているような「青法協」に加入するのは、中立性と公正性を求められる裁判官として、慎むべきであるというような社説が各新聞からも出されるようになった。

また、裁判所側も、『逐条解説』の通り、「政党加入も問題なし」としていた態度を翻し、「裁判官が政治的色彩を帯びる団体に加入するのは慎むべき」と、最高裁事務総局が見解を公表した。

そのような世論の変化の中で、法務省は福島裁判長を忌避する申し立てを行った。理由は「福島裁判長が青法協に加入している」ということであった。

まさに〝右往左往〟状態が各新聞の社説であるが、今度は、多くの新聞は法務省の忌避申し立てをこぞって批判した。当の福島裁判長は「青法協がどのような活動をしてきたかは、調べればわかることである。ろくに調べもしないで忌避申し立てをするのは、心外である」という見解を新聞発表した。

もちろん、法律（裁判所法52条）解釈が変更されたわけではないので、「青法協」加入を違法とすることはできず、札幌地裁は申し立てを却下し、札幌高等裁判所も法務省の忌避申請を棄却した。

ただこれで終わりにはならなかった。福島裁判長にも訴追請求が出された。訴追委員会は、国会の議席に比例した議員で構成される（自民党12名、社会党4名、民社党2名、公明党2名）委員会である。新日本協議会や、日本生産党の団体の役員らからの訴追請求であった。

このように、平賀所長の裁判所法81条違反の書簡から始まった問題は、いつの間にか裁判官が政治的色彩を帯びる団体への加入の是非を問う問題にすり替えられ、違法な書簡を書いた平賀所長と、それを告発した福島裁判長がともに訴追委員会の審議に諮られることとなった。

訴追委員会の結論は、平賀所長は「不起訴」、福島裁判長は「起訴猶予」となった。法律違反を犯した人物が「無罪（不起訴）」で、それを告発した人物が「有罪だが執行猶予」とされた。政治色を巡る判断を、政治色そのものの国会議員の訴追委員会が行った結果である。しかも、この訴追委員会の結論を受けて、札幌高裁は福島裁判長を「注意処分」とした。裁判所は政治色を巡る判断で、完全に政治色に染められ、司法が政治に屈服したことになる。

このような動きの中で、一時期、福島裁判長は辞任を決意する。辞任していれば歴史的「長沼判決第一審」は、なかったであろう。全国的な支援によって、福島裁判長は辞任を撤回し、職責を全うすることとなった。

長沼裁判のまとめとして強調したいのは、次の2点である。

第一審は、自衛隊の存在そのものに憲法判断を下した唯一の判決として極めて貴重なものである。しかし、この裁判を通して「司法の独立」を掲げる団体「青年法律家協会」が、激しい攻撃を受け、司法の独立がこれ以降ますます困難になっていった。福島裁判官は、この裁判以後16年間、裁判長の仕事ができなかったのはその象徴である。


最後に、最も基本的な問題を改めて指摘して、この章を締めくくりたい。「司法の独立」を記述した憲法76条と、「最高裁判所の長官が内閣の指名」によって行われるとした憲法6条、「最高裁判所裁判官が内閣の任命によって行われる」とした憲法79条、「下級裁判所の裁判官も内閣によって任命される」とした憲法80条が、実質的には矛盾した内容になっている。

そして、そのことが「司法の独立」を侵している。

第Ⅶ章　9条改憲論と護憲論　議論の所在

1　混乱の責任は政府の解釈変更

日本国民は、正義と秩序を基調とする国際平和を誠実に希求し、国権の発動たる戦争と、武力による威嚇又は武力の行使は、国際紛争を解決する手段としては、永久にこれを放棄する。

2　前項の目的を達するため、陸海空軍その他の戦力は、これを保持しない。国の交戦権は、これを認めない。

これが日本国憲法第9条である。「戦争しない、武力行使をしない。そのため、戦力は保持しない」と書かれていて、特に難解でもなく、解釈の余地も必要もない明快な条文である。そもそも、特殊な人にしか理解できないような難解な文章や、どうにでも解釈できるような曖昧な文章は、憲法や法律の条文としては用をなさない。吉田内閣によって帝国議会に提案・議決・制定され、その後2～3年は、日本政府はもちろん、すべての人々によってその条文のままに理解されてきた。

にもかかわらず、朝鮮戦争の勃発とともに、〝条文解釈〟が始まった（第Ⅳ章「朝鮮戦争〝9条の解釈〟の始まり」参照）。そして、歴代内閣は、解釈の変更を重ねてきた。このような経緯から、現在、9条に関する議論は混乱している。解釈変更のたびにごまかしの議論が出され、それがまた上塗りされ、政策的には既成事実が重ねられ、混乱がより深刻になっている。

2　議論の整理

議論を整理しよう。主な議論は、①条文解釈、②平和を実現する政策論、③「憲法とは何なのか」という憲法観、の3種類である。これらの質的に異なる3種類の議論が交錯している。

例えば、「9条で自衛のための武力は禁止されているのか否か」という条文解釈において、「自衛のための武力行使が禁止されていては、国の安全は確保できないから禁止されていない（禁止されていては困る）」というように政策論が持ち出されることがある。これでは、かみ合った議論にならない。また、法的な整合性が問われているときに、憲法違反状態である既成事実を不変のものとして優先すれば、議論は成立しない。

法的整合性と既成事実が両立不可能になっているとき、どちらに重きを置いて判断すべきなのか。既成事実を間違いと認めて改めるには大変な勇気と負担が必要である。しかし、法を変えないままで既成事実を不変なものと優先することが、法的整合性を崩壊させてしまうことになれば、その罪の大きさは計り知れない。法の崩れは、あらゆる分野に影響し、また、その後の時代を永久的に歪め続けるからである。私は、法的整合性は決して崩してはならないと考えている。法と既成事実に矛盾があれば、法を変えるか既成事実を変えるかいずれかである。

(1) 主張の対立

多くの論者の主張を①～③で分類すると、基本的な主張の対立は以下の6点である。

①条文解釈を巡る対立

対立［1］ AとBの対立

A：9条の下では、いっさいの武力は持てない。自衛のためであっても、武力行使を行うことはできない。

B：自衛のためならば必要最小限度の武力を持ち、それを行使することは、9条で否定されていない。

Bの中での対立（BaとBbの対立）

Ba：自国を守るためにのみ、必要最小限度の武力行使が認められる（個別的自衛権のみ容認）。

Bb：一定の条件の下では、自国を守るだけでなく同盟国を守るためにも、武力行使が認められる（条件付き集団的自衛権の容認）。

対立［2］ CとDの対立

C：現在の自衛隊は9条の下では認められない（自衛隊違憲論）。

D：現在の自衛隊は9条の下で認められる（自衛隊合憲論）。

②政策推進上の考え方の対立

対立［3］ EとFの対立

E：9条では平和を守れない、9条に反対である、改正すべきである（9条改正論）。

Ｆ：９条によって平和を守る、改正すべきでない、改正する必要がない（９条護憲論・改正不要論）。

対立［４］ＧとＨの対立

Ｇ：現状の自衛隊の武力（２０２２年　世界軍事力ランキング５位）は必要である（自衛隊必要論）。

Ｈ：現状の自衛隊の武力は必要ではない（自衛隊不要論）。

対立［５］ＩとＪの対立

Ｉ：平和を実現するために、いっさいの武力を放棄すべきである。

Ｊ：平和を実現するために、自衛のための武力は必要である。

③憲法観の対立

対立［６］ＫとＬの対立

Ｋ：憲法実現というのは将来の目標である。目標として掲げていれば、現在違反の状態であっても、即刻解決しなければいけないものではない。

Ｌ：憲法違反の状態は、直ちに改善されるよう努力されなければならない。

(2) 憲法違反は即刻是正を

対立[6]は、[1]〜[5]より基本的な問題である。Kの主張は最高法規としての憲法の存在意義を否定しかねない。Kを不問にしたままでは、憲法は実現されてなくても良いということになり、憲法議論に意味がなくなる。まず、Kについて議論を済ませておきたい。

確かに、憲法は最高法規としての性質上、一般的な課題についての記述が多い。例えば13条は「すべての国民は、個人として尊重される。幸福追求の権利は最大の尊重を必要とする」というようなことが書かれている。この場合、幸福追求という課題は、完全達成には終わりがない。現在の生活で一定の幸福感を持つことができたとしても、より高い幸福度を求めるということがあり得る。そのためにこの条文は、政府に課題を与え続けるだろう。個人の尊重の課題についても、より良い政府の政策の下では、より尊重されるだろう。このような〃永遠の課題〃については、課題は単に達成か未達成かの判断ではなく、視野の広い判断基準が必要だろう。このような意味では、憲法の完全実現は、将来の目標として掲げ続けられることは納得できる。その場合でも、憲法の示す方向を目指して、常時努力し続けなければならない。

しかし、今問題となっているのは、そのような一般的な課題ではない。ミサイル装備やミサイル発射など、自衛隊による武力行使や、世界軍事力ランキング上位に位置する自衛隊の存在というような、具体的な事例について議論している。「ミサイル装備は憲法違反であるが、ミサイル装備廃止は将来の話であり、当面のミサイル装備増強は許されます」というのでは議論にならない。

Ｋのような主張の下では、憲法違反を訴えるあらゆる告発に意味がなくなる。法治主義という憲法議論の前提を崩す次元の違う誤りである。

（３）政府解釈の変更と議論の混乱

議論が混乱しないためには、憲法解釈が確かでなければならない。今日の憲法議論の混乱の最大の原因は、既に述べたように、〝日本政府の解釈の変更の繰り返し〟である。〝日本政府の解釈〟というのは不正確で、〝アメリカの指示に従った日本政府の解釈変更〟と表現するのが正確である。

第Ⅲ章（第二次世界大戦と９条の誕生）８（帝国議会での議論と議決）、第Ⅳ章（朝鮮戦争〝９条の解釈〟の始まり）で詳しく記述したが、改めて日本政府の見解の変化を、簡単にまとめておきたい。

１９４６年当時の日本政府は、「武力行使の禁止、戦力を保持しないことで平和を達成する」という立場から、帝国憲法の改正案として日本国憲法を提案し制定させた。つまり、議会記録から明らかであるが、提案者日本政府のそもそもの立場は、Ａ・Ｉであった。反対した議員は８名であったが、主たる反対理由は、「自衛のための軍備は必要である。それを否定している９条では国を守れない。自衛のための武力行使は必要」（日本共産党などの主張）というようなものであり、主張Ａ・Ｅ・Ｊということになる。

　このようにＡ・Ｉで提案され、Ａ・Ｅ・Ｊという反対意見を抑えて成立したのが９条である。賛成者も反対者もともに、９条の解釈としてはＡであり、この経過からだけでも、９条にＡ以外の解釈はあり得ない。政府がＡ以外の解釈を出してこなければ、憲法議論の混乱は起きなかった。

　仮に、世界情勢の変化から、Ｉという非武装平和思想では国の安全は確保できないとして、Ｊの武装平和思想へと考え方を変えるのであれば、政府はそれを国民に訴え、憲法の改正手順に基づいて改正を進めればよかっただけの話である。

（４）鳩山一郎内閣の政府統一見解

　吉田内閣で自衛隊が創設され、後を継いだ鳩山一郎内閣は、１９５４年12月に次のような政府の統一見解を発表した。

「外国からの侵略に対処する任務を持つものを軍隊と言うならば、自衛隊も軍隊と言える。しかし、そのような実力部隊を持つことは9条に違反しない。自衛隊は違憲ではないが、誤解もあるので、機会を見て憲法改正を考える」

意味の通らない言い回しを無視して読めば、「自衛隊は軍隊と言えるが、9条はそれを禁止していない」という主張である。賛成者も反対者もすべての人が9条はＡであると理解してきたのに、突如として、ＡからＢへ解釈を１８０度変えた。しかも、Ａであると理解していたのは「誤解」だったと言ってのけたのである。

このような解釈変更のため、「芦田修正説」が持ち出された。しかしながら、芦田均が提案した9条2項の修正には、自衛のための戦力を容認するというような意味は含まれていなかった。憲法制定時の議事録などの調査は、ことごとく「芦田修正説」を否定している。現在は政府も「芦田修正説」を採用していない。

とにかく、根拠のない「芦田修正説」と鳩山一郎内閣の見解によって、自衛隊という憲法違反の既成事実がつくられた。そして、そのようなことが激しい批判にさらされなかったのは、第Ⅴ章（憲法の平和主義、国民世論調査が示していること）で述べたような、「軍隊は必要」という国民世論である。国民世論は世界常識を超えた「非武装・不戦」の9条を支持しきれていなかった。さらに、9条と自衛隊という実態の間の矛盾を素直に認め、法的整合性を守るという誠実さにも欠けていた。

鳩山一郎内閣の見解で、混乱の度合いが一段上がった。

(5) １９７２年見解、さらにまた安倍内閣の変更

１９７２年、政府はまた新たに本格的な憲法解釈を発表した。議事録調査から根拠がないとされた芦田修正説を捨て、内閣法制局の見解として、政府は、憲法13条を拠り所に、Baの立場を宣言した。つまり、自国防衛のためには、必要最小限度の武力行使は許されると解釈を変えた。ただこのとき、集団的自衛権のための武力行使は認められない（Bbではない）と、明確に宣言していた。

政府は、この解釈を40年以上守ってきた。この「72年見解」の問題点については、次の第Ⅷ章（「憲法13条が武力行使を認めている」?! 論理破壊の『72年見解』）でじっくり議論する。

２０１４年、安倍内閣の時代に、一定の要件の下では集団的自衛権のための武力行使も認められると、従来の政府解釈を変更した。Ba・D・G・J（個別的自衛権のみ許容・自衛隊合憲・自衛隊必要・武力必要）からBb・D・G・J（個別的自衛権だけでなく、場合によっては集団的自衛権も許容・自衛隊合憲・自衛隊必要・武力必要）へ立場を変えたことになる。もちろん、アメリカの強い要望でそのようにしたのである。アメリカは、もは

やBaの立場に日本をとどめておく余裕がなくなり、Bbに変わり、アメリカの役割のより多くを肩代わりすることを要求してきたのである。

さらに、このとき、安倍首相は自民党総裁としては、自衛隊を明記する憲法改正を主張した。Bb・D・G・JにE「憲法を改正すべき」を付け足した。ただ、Bb・D・G・Jを主張するならば、自衛隊は既に合憲と認められているので明記する必要はなく、９条改正の必要はないはずである。しかし、あえて〝屋上に屋を重ねる〟ように自衛隊明記条文を付け加えようとするのは、自らの憲法解釈Bb・Dに不安を持っているからである。統治行為論によって「自衛隊は違憲」という判定は抑えていても、「合憲というお墨付き」も得ていないので、不安なのである。

日本政府は、提案者としてA・Iから出発し、Ba・D・G・J（１９７２年）、Bb・D・G・J（２０１５年）に立場を変え、不必要なはずのEを付け加えた安倍内閣案（２０１５年）まで、整合性をかなぐり捨てて勝手な解釈を重ねている。

これでは憲法議論が混乱しないはずがない。安倍内閣のBaからBbへの変更に対しては、Baを主張していた時代の内閣法制局長官など、政府要職経験者が安倍内閣案は憲法違反であると見解を発表した。憲法学者の中では、もともと自衛隊違憲説（A・C）が多数であったが、自衛隊合憲説の憲法学者でBaの見解にとどまっていた学者（Ba・D・F）も、安倍政権の解釈変更は憲法違反であると見解を述べた。

また、防衛政策に関してＪ（武力必要）の見解を持ちながらも自らの見解に誠実な一部の学者や識者は、「解釈変更でこれ以上の防衛政策推進は無理である。憲法を改正しなければならない」との考えを表明するようになっている。つまり、Ｊ・Ａ・Ｇ・Ｅ（武力必要・９条は武力を禁じている・自衛隊必要・憲法改正）と表明している。

ともかく、何をもって違反とするか見解の違いはありながら、９割以上の憲法学者は安倍内閣の安保法制を憲法違反と判断した。しかし、政府は、批判を顧みることなく法案を成立させた。このような状態にもかかわらず、司法はなんら憲法判断をしようとしない。安倍内閣の安保法制に対して、全国で約７７００人が原告となり25件の違憲訴訟が起こされているが、そのほとんどで、憲法判断を回避する（統治行為論）判決が続いている。このままでは、三権分立・違憲立法審査権は無いに等しい。

（6）筋の通った改憲論と護憲論

改憲論、護憲論といっても、様々なタイプが存在する。

改憲論で、歴史的事実による審判に耐え、筋が通っているのは、Ａ・Ｃ・Ｅ・Ｇ・Ｊタイプである。自国の安全のためには自衛力が必要（Ｊ）という思想から、自然に導かれるのが、このタイプの改正論である。

つまり「自衛のための武力行使さえも許されない憲法（Ａ）の下では、自衛隊は憲法違反の存在とされる（Ｃ）。平和のためには自衛のための武力は必要であるから（Ｊ）、自衛隊のような軍事組織は必要であり（Ｇ）、従って、憲法を改正する必要がある（Ｅ）」という主張になる。世界ではこのような主張が常識的である。

護憲論で筋が通っているのは、Ａ・Ｃ・Ｆ・Ｈ・Ｉのタイプである。自衛のためであろうと武力を持ち自衛のための戦いを認めている限り、平和を達成することはできないので、いっさいの武力を持たないことで平和を達成する（Ｉ）という思想から、自然に導かれるのがこのタイプの護憲論である。

つまり「平和は、いっさい武力を持たず、自衛のための戦争も放棄することでしか達成できない（Ｉ）。９条はそのことを宣言している（Ａ）。しかしながら、世界第5位程度の軍事力を持つ自衛隊が存在しているのは憲法違反である（Ｃ）。憲法を守る（Ｆ）とすれば、武力を持った自衛隊は認められない（Ｈ）ので、自衛隊は非軍事的な組織、例えば、災害救助隊、海上保安組織などに改編すべきである」という主張になる。

筋の通った護憲論・改憲論でなければ、議論はかみ合わない。事実に基づいた誠実な議論は、結局はＡ・Ｃ・Ｅ・Ｇ・ＪなのかＡ・Ｃ・Ｆ・Ｈ・Ｉなのかである。

ちなみに、世論調査で多数を形成していると見なせる主張を記号で表現すると、Ｂ・Ｄ・Ｆ・Ｇ・Ｊ（軍隊は必要と考えるＪ・自衛の武力は認められていると解釈するＢ・自衛隊は合憲と解釈するD・自衛隊は必要と考えるG・9条を守るべきと考えるF）となる。例えばJとFは明らかに矛盾しているが、このような混乱の責任は、度重なる政府解釈の変更にあると指摘してきた。

主張の中にJ、Fという矛盾が混在するのは、鳩山一郎内閣の「9条は自衛のための武力を禁止していない」と、根拠のない（芦田修正説）政府見解を出したことの影響であるとしか考えようがない。

第Ⅷ章　憲法13条が武力行使を認めている?!　論理破壊の『72年見解』

「憲法9条は武力行使を放棄し戦力保持を禁止しているが、憲法第13条が国民の生命を守る権利を尊重するとしているので、自衛のための必要最少限度の武力行使が憲法上認められている」という見解がある。１９７２年の『自衛権に関する政府見解（72年見解）』である。

40年以上、政府の公式見解の地位を守っていたが、２０１４年安倍晋三内閣によって、さらに新しい〝解釈〟に変更された。しかし、安倍内閣の見解も、論理の骨格部分は『72年見解』のままである。

従って、『72年見解』の非論理性を示すことは、今日でも重要な意義を持っている。この章では、徹底的な検討によって『72年見解』の論理破綻を鮮明にしたい。ごまかしの議論は理屈っぽいものが多い。そのごまかしを暴くための議論も、どうしても少し〝理屈っぽく〟なってしまうことを許していただきたい。

【資料】憲法13条

すべて国民は、個人として尊重される。生命、自由及び幸福追求に対する国民の権利については、公共の福祉に反しない限り、立法その他の国政の上で、最大の尊重を必要とする。

【資料】自衛権に関する政府見解（通称72年見解）

国際法上、国家は、いわゆる集団的自衛権、すなわち、自国と密接な関係にある外国に対する武力攻撃を、自国が直接攻撃されていないにもかかわらず、実力をもって阻止することが正当化されるという地位を有しているものとされており、国際連合憲章第51条、日本国との平和条約第5条（c）、日本国とアメリカ合衆国との間の相互協力及び安全保障条約前文並びに日本国とソヴィエト社会主義共和国連邦との共同宣言3第2段の規定は、この国際法の原則を宣明したものと思われる。そして、わが国が国際法上右の集団的自衛権を有していることは、主権国家である以上、当然と言わなければならない。

ところで、政府は、従来から一貫して、わが国は国際法上いわゆる集団的自衛権を有しているとしても、国権の発動としてこれを行使することは、憲法の容認する自衛の措置の限界を超えるものであって許されないとの立場に立っているが、これは次のような考え方に基づくものである。

憲法は、第9条において、同条にいわゆる戦争を放棄し、いわゆる戦力の保持を禁止しているが、前文において「全世界の国民が……平和のうちに生存する権利を有する」ことを確認し、また、第13条において「生命、自由及び幸福追求に対する国民の権利については、……国政の上で、最大の尊重を必要とする」旨を定めていることからも、わが国がみずからの存立を全うし国民が平和のうちに生存することまでも放棄していないことは明らかであって、自国の平和と安全を維持しその存立を全うするために必要な自衛の措置をとることを禁じているとはとうてい解されない。しかしながら、だからといって、平和主義をその基本原則とする憲法が、右にいう自衛のための措置を無制限に認めているとは解されないのであって、それは、あくまで外国の武力攻撃によって、国民の生命、自由及び幸福追求の権利が根底からくつがえされるという急迫、不正の事態に対処し、国民のこれらの権利を守るための止むを得ない措置としてはじめて容認されるものであるから、その措置は、右の事態を排除するためとられるべき必要最少限度の範囲にとどまるべきものである。そうだとすれば、わが憲法の下で武力行使を行うことが許されるのは、わが国に対する急迫、不正の侵害に対処する場合に限られるのであって、したがって、他国に加えられた武力攻撃を阻止することをその内容とするいわゆる集団的自衛権の行使は、憲法上許されないと言わざるを得ない。

（傍線は筆者による）

資料で示されているように、この『72年見解』は、憲法前文と第13条を根拠にして、「……わが国に対する急迫、不正の侵略に対処する場合に限って……わが憲法の下で武力行使を行うことが許される……」というような結論を導き出している。

詳しい議論の前に、『72年見解』の文章について、率直な感想を述べさせていただく。法的な記述は、一般に読みづらいと感じることが少なくない。娯楽的な読み物ではないからしかたがない。

ただし、法的な記述であっても、論理が明確に通っている記述は、ひとつひとつの文章が長々と不必要に引き伸ばされておらず、簡潔でわかりやすい。根拠と結論がしっかりつながっている。反対に、論理的にごまかしがあるような記述は、不必要で無意味な修飾語を入れ、文章が長々と引き伸ばされている。そして、何が根拠で何が結論か、わかりにくく書かれている。故意にそのような記述にしているのではないかとさえ思える。そして、読みにくい記述を我慢して読んでみると、肝心のところにごまかしの論理が使われている場合が多い。とても不愉快になる。

『72年見解』は、全体として極めて短い文書であるが、記述の仕方としてはどちらかと言えば後者である。ともかく、まず、詳細に『72年見解』を検討する。

1　ごまかしの論理で説明される

政治家の発言や、一部の憲法学者の書いた一般国民向けの簡易な憲法解説書では、次のように説明されているのを、よく見聞きする。

「憲法９条は武力行使を禁じているが、憲法13条では、国民の生命を守るために政府は力を尽くさなければならないと書かれている。敵国から侵略行為を受けたとき自衛権を行使（自衛のための最少限度の武力行使）しなければ、国民の命を守ることはできない。だから、国民の生命を守るために、必要最小限度の武力行使は必要で、憲法で許されている」というような説明である。

もっともらしい説明に聞こえるが、正確に読めば、論証にも説明にもなっていないことがわかる。このような説明は、論理的に整理すると誤りが鮮明になる。

命題㋐を「侵略を受けたとき」↓「武力行使で自衛しなければ」↓「生命の安全は守れない」としよう。命題㋐は、誰もが正しいと認めるであろう。命題㋑を「侵略を受けたとき」↓「生命の安全を守るためには」↓「自衛のための武力行使が必要」としよう。「㋐が正しい。だから㋑が正しい。」と説明されているのであるが、この説明が論理的には根拠がないことを以下に示す。

ごまかしの議論では、故意なのか不注意なのか、㋐の命題から最初の「侵略を受けたとき」という部分を省略した、命題①「武力行使で自衛しなければ」↓「生命の安全は守れない」が持ち出される。そして、この命題①が正しいものとして、命題②「生命の安全を守るためには」↓「自衛のため武力行使が必要」が正しい命題として結論付けられる。論理的に、①と②は対遇関係にあり、①が正しければ②も正しいことになる。①と②は真偽が一致するという論理を根拠にしているのである。

ごまかしは、「侵略を受けたとき」を省略することにある。元の命題は、①ではなく、㋐の「侵略を受けたとき」↓「武力行使で自衛しなければ」↓「生命の安全は守れない」である。㋐は正しい命題であるが、①は正しい命題とは言えない。「侵略を受けたとき」という最初の条件がなければ、①は正しいとは言えない。

次の命題㋒の真偽を考えれば、そのことがより明確になる。㋒「侵略を受けたとき」↓「自衛のため武力行使を行えば」↓「生命の安全は守れない」という命題についても、正しいことは誰もが認めるであろう。侵略されて、自衛戦を行えば、兵士であれ、民間人であれ、被害は必ず生じる。この「自衛のため武力行使を行えば」↓「生命の安全は守れない」という命題も正しいのである。現在、ウクライナで起きていることである。

㋐も㋒も正しい命題であるから、「侵略を受けたとき」↓「自衛の武力行使を行っても、行わなくても」↓「生命の安全は守られない」ということ、結局「侵略を受ければ」

↓「生命の安全が守れない」という命題になる。この命題は、わざわざ指摘されなくても、誰もが当たり前の真実であると知っていることである。そして、この命題の対偶命題は「生命の安全のためには」↓「侵略を受けないことが必要」となり、これまた、万人が認める当たり前の真理である。

以上、詳しく調べたように、命題㋐「侵略を受けたとき」↓「武力行使で自衛しなければ」↓「生命の安全は守れない」の正しさを根拠に、命題㋑「侵略を受けたとき」↓「生命の安全を守るためには」↓「自衛のため武力行使を行うことが必要」という結論を導くのは、ごまかしの論理である。

テレビの画面では、政治家が、このごまかしの論理をふりまき、一部の憲法学者は、著書で国民にそのような安易な解説をしている。

2　言葉のトリック

政府の『72年見解』の全文は、もう少し手の込んだ言い回しのトリックを使っている。『72年見解』は、次のような①～⑤の論理展開になっている。前記の資料で、個別的自衛権は容認されているという結論につながる傍線の部分を、整理したものである。

「①9条において、国として武力行使することを放棄し、戦力保持を禁止している」〝が〟、

「②前文において、…『平和のうちに生存する権利』を確認し」、また、「③13条において『生命の安全に対する国民の権利が国政の上で最大の尊重されなければならない』とされている」ので、「④自国の平和と安全を維持するための自衛の措置を取ることを禁じているとは解されない」。「⑤従って、我が国に対する急迫、不正の侵害に対処される場合に限り、必要最少限度の武力行使が許される」。

この①から⑤に至る記述は、極めて非論理的記述であることを、じっくり確かめよう。

9条は、「国権の発動たる戦争と、武力による威嚇又は武力の行使は、国際紛争を解決する手段としては、永久にこれを放棄する。そのため、戦力は保持しない、交戦権は認めない」となっている。

命題①は、この条文を正しく引用しているので問題はない。命題⑤は「必要最少限度の武力行使は許される」であるから、明らかに、⑤は①を否定している。『72年見解』は、①の「武力行使は放棄する」から論理展開を始めて、⑤の「武力行使は許される」が結論として終わっている。つまり、最初の命題①を、結論の⑤が否定して終わっているのである。「①カラスは黒い〝が〟、②③④という命題が成り立つので、⑤カラスは黒いとは言えない」というような論理展開になっている。

ということは、②③④のどこかで①の9条の内容が否定されていなければならない。しかし、②③④で9条を否定した部分はどこにもない。つまり、命題①はどこにも否定されていないのである。

もし①が、②か③か④で否定されているとしたら、9条と前文の間に矛盾がある、または、9条と13条の間に矛盾があるということになり、問題が大きくなる。記述に矛盾がある欠陥憲法になってしまうが、そんなことにはなっていない。②も③も、直接①を否定する命題ではない。むしろ逆であって、否定するどころか補強する命題である。

つまり、両立できないはずの、「①武力行使は許されない」という命題と「⑤武力行使は禁じられていない」という命題が、ともに成り立つかのように併記されているのが『72年見解』である。「カラスは黒いが、……カラスは黒いとは言えない」というような、あり得ない文章が『72年見解』である。

いったいどのような記述のトリックが使われて、このような非論理的な記述が批判されずに政府見解という地位を失わずにいられたのであろうか。記述のトリックを明かしてみよう。一言一句、ゆっくり読めば、そのトリックを見破ることができる。

トリックは、命題④の使い方に忍ばせてある。②③から④へとつなぐときと、④から⑤へつなぐときとでは、④の意味を気付かれにくいように変えている。④における〝自衛の措置〟という言葉の意味が問題である。

②③から④へつなげるときは、「②『平和のため』に、③『国民の生命の安全のため』に、④『〝自衛の措置〟が許される』」と文章をつないでいる。この文章が多くの人にとって違和感なく読めるのは、〝自衛の措置〟という一般的な表現、やわらかではあるが曖昧な表現のせいである。〝措置〟とはどんなものなのか、武力行使なのか否か、あえて明言していない。

〝措置〟との記述を〝武力行使〟という限定的な意味に読み取る人は多くないだろう。仮に〝措置〟を〝武力行使〟と明記すれば、②③「平和と国民の生命の安全のため」、④「武力行使が許される」となり、既に結論に到達しているので、後の文章は要らなくなる。とすれば、ここで〝措置〟は武力行使に限定されてはいないと読み取る以外にない。とにかく〝措置〟という曖昧な表現で、②③と④をつないでいるのである。

ところが、④から⑤につなげるときは、この〝措置〟はいつの間にか〝必要最少限度の武力行使〟に変わってしまっている。つまり、「④〝自衛の措置〟が禁じられていないので、⑤〝必要最少限度の武力行使〟が許される」と、文章的につなげられている。もし、④の〝自衛措置〟に武力行使という意味がなければ、④と⑤はつなぐことはできない。④から⑤へとつなぐためには④の〝自衛措置〟に武力行使を含めなければならない。

②③と④をつなぐときは、〝措置〟は〝武力行使〟の意味では使われていなかったが、④と⑤をつなぐときは、〝措置〟は〝武力行使〟の意味で使われていることになる。ト

リックが、ここにあったのである。

このようなトリックによって、①と⑤という矛盾した内容の命題が両立しているかのように記述されている非論理的な文章、しかも読者にあえてわかりにくく書いている文書が『72年見解』である。

余談になるが、砂川裁判の最高裁判決理由の文書も、似たような言葉のトリックが使われていた。

3　論理の致命的欠陥

もう一点、さらに酷い論理破壊が『72年見解』に潜んでいることを指摘したい。この論理破壊は極めてわかりやすい。以下に詳細に検討するが、結論から言えば、『72年見解』は「命を守るために、命を懸けよ」という支離滅裂な見解である。

支離滅裂さ加減を確認しよう。議論の本質は、既に1節「ごまかしの論理で説明されている」で指摘したことと同じである。「武力行使には国民の生命の危険が伴う」という命題は、説明抜きに正しい命題であると誰もが認めるであろう。侵略のためであろうが自衛のためだろうが、戦場に駆り出される兵士には、生命の安全は約束されない。

兵士はもちろん国民である。祖国を守るためだろうが、個別的自衛権の行使だろうが、「武力行使には、行使する側の人間の生命の危険が伴う」というのは、否定しようもない事実である。また、戦闘状態になれば、兵士だけではなく多くの民間人が犠牲となることも否定しようがない事実である。

「自衛戦は尊い英雄的行為である」という立場に立っていたとしても、尊い行為であるということと、安全ということは別問題である。ベトナム戦争において、ベトナム人民のアメリカ軍との戦いもそうであったし、ウクライナ国民の自衛の戦いもそうである。「戦いはすべて命懸け」である。また、戦っている国では、多くの一般国民や戦いに関与しない子どもたちも、戦いの巻き添えで生命の危険にさらされる。今、毎日のようにニュースで伝えられている現実である。

13条を根拠とした『72年見解』の「自衛のための武力行使容認論」は、「自衛のための戦いは尊いので禁止されない（許される）」という見解ではなく、「国民の生命を守らなければならないから、自衛のための武力行使は許される」という見解である。

この「戦いはいかなる場合も命懸け」という命題が疑いの余地もない正しいものであるとして、改めて政府解釈の論理展開を調べてみると、次のようになることがわかる。

「③国民の生命を守るために、⑤自衛のための……武力行使を行う（命を懸けて戦う）」

という命題になってしまう。「命を守るため、命を懸ける」という支離滅裂な主張になる。これが『72年見解』である。もしかしたら、『72年見解』は、「（多くの）国民の命と安全を守るために、（兵士などの少数の）国民の命の安全を犠牲とする覚悟をせよ」という意味を込めているのかもしれない。祖国を守る兵士の英雄的な志を鼓舞するような主張である。

しかし、このような主張のために、憲法13条を持ち出すことはできない。憲法13条は兵士の生命と兵士でない国民の生命を区別している条文ではさらさらなく、すべての人に平等に与えられているものとしての命に関する条文であるからである。13条は、すべての国民に普遍的に与えられている「命を守る」という基本的な権利についての記述である。

以上、政府の『72年見解』を、その文章に添ってじっくり検討した。

既に述べたように、言葉のトリックで、「9条は武力行使を禁じているが、9条は武力行使を禁じていない」という論理破壊が、気付かれないように、なされていることを示した。また、どのような論理を使っても、憲法13条の「国民の命を守るため」を根拠として、「自衛のためであれ武力行使が容認される＝国民の命が危険になる」という結論を導けば、「命を守るために、命を懸けよ」という支離滅裂になることを示した。

改めて「政府見解とは何なのか」ということを問いかけたい。あえて、筋の通らないわかりにくい文章にして、国民を混乱させようとしているのだろうか。不信感が募るばかりである。

4　『72年見解』の先に見える9条

『72年見解』のような文章のトリックによる蹂躙を認めてしまえば、日本国憲法の平和主義は、時の経過とともに跡形もなく消えるしかない。「自衛のための武力行使は認められるとしたのでは軍拡競争の泥沼から逃れることはできない」、という反省から日本国憲法がつくられたことなど、すっかり忘れられている。

そして、時の経過とともに、〝必要最少限度〟という限度はとどまることなく大きくなっていく必然性を持っている。実際、２０１５年に安倍内閣が行ったことは、一種の最少限度の拡大である。「自国の防衛のため」に限られていたが、条件次第では「自国を守ってくれる他国のためにも」戦うことが認められるように、限度が拡大された。「相手が核兵器を開発しているから我が国も核兵器を持たなければ防衛できない」という声がもっと大きくなったとき、〝必要最少限度論〟はその声を抑えることができない。２０２

３年の現在、政府は、敵基地を攻撃できるミサイル配備政策も〝最少限度内〟に入れてしまった。政府にとっては世界第３位の軍事費大国になることも最少限度内なのである。「武力を持たない」という憲法を守るのか否かという問題が、いつの間にか「必要最少限度内」なのか「限度を超えている」のかという問題にすり替えられている。「武力行使は禁じる」と書かれている憲法は無視され、知らない間に「どの程度の武力なら許されるのか」という問題にすり替えられている。

　メディアの責任も大きい。せいぜい「専守防衛について、国民の納得が得られているのか」という類の、本質を外した問題提起に終始している。９条には、「専守防衛」とは書かれていない。「武力行使をしない。戦力を持たない」と書かれている。新聞もメディアも、９条をすっかり忘れ去っている。

「必要最少限度」という、その時代の人間によって判断される〝曖昧な限度〟は、相手の出方によってどのようにも変化する。例えば、「相手が武器を持っていなければ、ナイフを所持することも最小限度を超えることになるが、相手がナイフを持っている状況になれば、こちらもナイフが必要となる」（橋下徹、木村草太『憲法問答』徳間書店　２０１８年より）。というような露骨な議論は、いつでも出てくる。

　そして、ウクライナであのような侵略行為が行われ、北朝鮮がミサイル発射実験を繰り返し、核開発を進めており、中国で軍拡が進められ、その艦船が尖閣列島の周りをうろついている現状の下で、この「必要最少限度論」は日本をどのような方向に向けていくのか、火を見るより明らかである。「必要最少限度」が、際限なく広げられることにブレーキ装置はなく、アクセル装置しか付いていない。

今、私たちの目の前でアクセルが踏み込まれている。**憲法９条はどこに行ってしまうのか！**

コーヒーブレイク
～橋下徹×木村草太『憲法問答』の危うさ～

たまたま橋下徹と木村草太の『憲法問答』という著書に出会った。この問答の9条に関する部分は、批判的に検討し読者に紹介すべきだと考えた。

理由のひとつは、両人の影響力の大きさである。ともに、メディアによく登場する法律家で、多くの読者を持つ出版物の著者である。

もうひとつの理由は、この問答の先に見える〝危険性〟である。大雑把に読めば、9条解釈を自由に広げようとする論者と、解釈拡大をたしなめる法律学者の議論であるが、議論している両者の立ち位置に注目すれば、〝危険性〟の意味が鮮明になる。今日の憲法議論の混乱を象徴する問答である。

ともかく、ふたりの問答を見てみよう。以下の記述は、4章と5章の抜粋・要約である。「**橋**」は橋下徹、「**木**」は木村草太である。要約に際しては、重要な論旨が浮き彫りになるよう心掛けた。要約の不正確さの責任は私（筆者）にある。

1『問答』の要約（9条部分）

橋① 9条は国の安全保障に関わる話。法理論も重要だが政策論が重要。憲法学者は法理論に拘泥し、9条の解釈から議論を始め、その結論によって国家の採るべき政策論を完結させている。政策論が弱い。『1972年の内閣法制局見解』も法的な視点からの意見のひとつにすぎない。また、安全保障政策の論及が薄い。

木① 9条解釈は理論に徹すべき。実現したい政策が憲法の枠をはみ出していれば、政策を断念するか憲法を変えるかどちらかである。解釈に政策判断を持ち込むべきではない。

橋② 『72年見解』もふまえて、安全保障政策は政治が判断する。その判断の是非は、選挙か最高裁がチェックするのが憲法の仕組み。

橋③ 朝日新聞や一部のインテリは、安倍首相が憲法解釈をすることは違憲であると批判するが、総理大臣と最高裁は同じ立場であることを知らない。最高裁の方に権威があるというのは権威主義。

橋④ 『72年見解』で言われている「必要最小限度」という概念は状況によって伸び縮みする。相手が武器を持っていないとき、ナイフは「必要最小限度」を超えるが、相

木②　手がナイフを持っていればナイフは「必要最小限度内」である。「ルール」と「あてはめ」は違う。「個別的自衛権のための必要最小限度の武力」というのは「ルール」であり、ナイフという武器使用がそれに「あてはまる」のか否か、それは判断の問題。

橋⑤　『72年見解』は「ルール」について、状況に応じた「あてはめ」をやらずに、抽象的演繹的理屈だけで、集団的自衛権が「必要最小限度に含まれない」と結論づけた。72年当時にあてはめをやっていないから、現在もあてはめをせず結論が出されている。

橋⑥　「あてはめ」の問題なのか「ルール」の問題なのか、境界線は曖昧。

木③　「ルール」と「あてはめ」が、実際の現場では曖昧になることはあっても、「ルール」と「あてはめ」という分析的視点から判断するのが法の支配。政策論と法解釈をごちゃまぜに議論すれば、論者の勢いで結論が左右される。

橋⑦　9条というルールがあり、72年の状況のあてはめによって、個別的自衛権行使は可能であるが集団的自衛権は不可能と解釈されてきた。憲法解釈というのは「あてはめ」のことである。

橋⑧　ある状況の「あてはめ」によって「武力行使ができない」という結論が導き出されたのであれば、状況の変化によっては「武力行使は可能」と結論することができる。

法を支えている社会的事実のことを「立法事実」と言うが、現代の「立法事実」「憲法事実」を検証して、集団的自衛権を検討し、可能と判断することもできる。

木④ 日本国憲法には、そもそも自衛権の概念はない。国連憲章2条（武力行使の原則禁止）、42条（例外として、安保理決議による集団安全措置は許容される）、51条（さらに例外として、安保理決議がない場合でも、個別的自衛権と集団的自衛権行使は許容される）、それに加えて、自衛権行使の3条件（㋑武力攻撃が実際に起きている　㋺武力行使以外に自衛手段がない　㋩自衛のために必要な範囲を越えない武力行使）、これが国際法における自衛権。ただ、国際法で許されることがそのまま日本でも許されるというのでは、日本国憲法の意味がない。日本国憲法前文、9条、13条を併せて読むことで、個別的自衛権の行使（「必要最小限度の武力行使」）が認められた。これが、日本政府の立場（『72年見解』）。

橋⑨ 『72年見解』で個別的自衛権が認められたのは、国際情勢に影響されたはず。法理論では領域外（国外）では自衛権は使えないとされているが、主権を守るためのやむを得ない理由があれば領域外でも使えると、逆の結論も導かれるはず。海賊対策や敵からのミサイル攻撃に対応するため、領域外への攻撃も可能とされるようになった。アメリカは、イラク戦争では先制攻撃も行った。日本も、過去の自衛権の定義にこだわるべきではない。

橋⑩ 武力攻撃とは異なるサイバー攻撃などに対応するため、自衛権の概念（定義）を変えるべき。また、アメリカのように先制攻撃も可能と解釈すべき。「やむを得ない」とか「必要最小限度」の判断は実際にはきわどい判断になるが、

木⑤ それをやるのが「法的判断」。「敵基地攻撃」は例外ではなく「主権を守る行政権の行使」である。海賊対策は警察権の行使であり、憲法解釈の問題ではない。イラク戦争でのアメリカの先制攻撃は、自衛権行使として正当化されていない。

橋⑪ 「あてはめ」で自衛権の定義を変えたのか、9条という「ルール」自体を変えたのか、その区分は重要でない。解釈は「ルール」を変えなくても変えられる。

橋⑫ テロリスト対策として新たな「ルール」の追加も認めたのであれば、『72年見解』も修正すべき。いざ自衛権発動となれば勝利を目指す。そのとき、「最小限度」という制約は、勝利への意思を弱める。「必要最小限度」ではなく「勝つために必要なことができる」とすべき。

木⑥ 再度確認するが、「自衛のための必要最小限度の武力行使」は「ルール」。政策として実現したいことが、ルール上できなければ、政策を断念するか憲法（ルール）を改正するかいずれか。

橋⑬ 武力攻撃を受けた他国があり、その他国を武力的に応援するのは自国防衛のためであるとして、個別的自衛権行使と見なすことは可能か。

木⑦　無理。

橋⑭　安全保障法制懇談会は、芦田修正説（侵略目的でなければ軍隊を持つことは可能とする9条解釈）に立っている。いろいろな9条解釈の中で、どれを採用するかという話で、どれが正解という話ではない。

木⑧　安倍政権を含め、今の日本政府の立場は芦田修正説ではない。最高裁と政府見解によって示された憲法解釈について、憲法学者をいくら批判しても、解釈は変更しようがない。見解が間違っていると主張するなら、アクションとしてやるべき。

橋⑮　ええ。僕なんかではなく、総理大臣の安倍さんが、「『72年見解』は絶対ではない」と提案すべき。国民と国家を守ることのバランスを取った憲法判断を、国民や最高裁に提案すべき。これこそが今の憲法の仕組みであり、立憲主義である。

橋⑯　「日本も、国連軍やPKOに派遣すべき」という意見に対して、学者やインテリは「派遣は9条違反」としているが、木村さんは「憲法に手続き規定がないから派遣できない」と述べられた。そこは納得させられた。

木⑨　9条だけが理由ではなく、内閣の権限（行政権）として海外（の軍隊への）派遣が定められていないということ。

橋⑰　武力行使が行政権と言うのは、後付けの説明に思える（納得いかない）。

橋⑱　行政活動としてはPKOに参加でき、そのときは必要な武器を持つことができるのなら、法律で国連軍に参加することはできないか。

木⑩ 軍を組織する権限が憲法に書かれていないので無理。

橋⑲ 個別的自衛権、集団的自衛権と言っても、その中間的なものもあるはず。中間的なものは9条違反なのか検証すべき。

橋⑳ 僕は、9条を改正しなくても、解釈で国連軍参加も集団的自衛権行使も可能という立場。だから憲法改正はやる必要はない。しかし、義務ではなく自発的に国民投票にかけるのは良いと考えている。

2　どうしても『72年見解』を壊したい橋下徹

この問答の際立った特徴は、橋下の、『72年見解』に対する執拗な攻撃である。彼は、政府の『72年見解』に対して、角度を変え、言葉を変え、自らの立場さえ変えて、その修正を迫っている。『72年見解』では、「憲法上許されるのは、個別的自衛権のための、必要最小限度の武力行使に限られる」となっているが、その部分を是が非でも変更せよと主張している。

要約から、次の㋐～㋓のような具体的な橋下の主張を読み取ることができる。

㋐情勢の変化に応じて、安全保障上必要な政策が採れるよう、憲法解釈は変えられる。変えるべきである。

㋑「個別的自衛権のみならず集団的自衛権も可能」と解釈すべき。

㋒「必要最小限度」という条件は取り外すべきである。相手の兵器に応じてこちらも装備を変えなければならない。

㋓日本も国連軍に参加できると解釈を変えるべき。

㋐については、**橋**①⑧⑨⑩⑪⑳、㋑については、**橋**⑧⑨⑬⑯⑲⑳、㋒については、**橋**④⑫、㋓については、**橋**⑯⑱⑳、から確認することができる。

木村は、政府見解を法的な立場から淡々と説明し、橋下の解釈修正要求を却下している。問答の結果、最終的に、**橋**⑳「僕は9条を改正しなくても、解釈で、集団的自衛権も国連軍参加も可能という立場」というように、議論の内容に関係なく立場表明をして終わっている。議論の根幹において、問答をした意味がなかったことになる。

3　自己矛盾を気にしない橋下の〝変幻自在〟

議論の内容検討の本筋からは少しそれるが、矛盾したことを平気で述べる橋下の議論の仕方は、どうしても気になる。

（1）橋⑤と橋⑥橋⑨は明らかに矛盾　橋⑪を言うなら議論の意味なし

橋⑤では、「『72年見解』は、状況に応じたあてはめをやらずに、抽象的演繹的理屈だけで……結論付けた。72年当時にあてはめをやっていないから……」と、情勢に応じたあてはめをやらずに出されたのが『72年見解』であると強く主張。

橋⑥では、「9条というルールがあり、72年状況のあてはめによって『72年見解』は出された」、また、**橋**⑨でも、「（『72年見解』は）国際情勢に影響され（出され）たはず」と、平気で**橋**⑤と矛盾した主張をしている。自分で気付いていないはずはないのだが……。

そして、結局、**橋**⑪では「あてはめで解釈を変えたのか、ルール自体を変えたのか、どちらでもよい」と、それまでの議論を〝ご破算〟にするような発言で終わる。極めて不誠実な議論姿勢である。

(2) 橋①の見解　自分のことは？

橋①では、「憲法学者は9条の法解釈に拘泥し、政策論が欠けている」というような主張をし、法解釈を重視した議論に批判の矛先を向けていた。しかしながら、この問答を通して、橋下自身の主張はことごとく、「解釈とは、あてはめの問題である（橋⑦）」として、解釈（あてはめ）と、解釈を広げる議論に終始している。橋下にとって〝解釈議論に拘泥している自分自身〟は、どのような存在なのだろうか。

4 憲法違反の現実を直視できない木村草太

話を、問答の内容検討の本筋に戻そう。

橋下が、自らの発言の整合性を捨ててまで、「『72年見解』を見直せ」「集団的自衛権も可能と解釈せよ」「必要最小限度という制約を外せ」「自衛隊を国連軍に参加できるように解釈せよ」と執拗に迫っているのが、この問答の特徴である。

なぜ、橋下がこのように執拗なのか、そこにこの問答の本質がある。それは、橋下の

〝理屈抜きの確信〟であると、私は考えている。

彼は、木村からたしなめられようが、「『72年見解』は本来の9条から変質したものになっている」と確信している。ただ、変質していると言ってはおしまいだから、口が裂けてもそうは言わない。それで、「9条解釈は、当時の情勢に影響されて、『72年見解』となった」というような表現にしているが、本来の9条と『72年見解』が質的に異なるものであるという確信は揺るがない。

あちこち、矛盾しているような彼の議論ではあるが、**橋⑦**や**橋⑧⑨⑪⑳**が彼の本心である。変質したものが政府の標準的解釈として位置付けられているということ、つまり、『72年見解』は〝純潔ではない〟ことをよく知っている。そして、「〝解釈による変質に手を染めた〟のだから、いまさら〝純潔ぶる必要はない〟」「既に変質しているのだから、もっと変質させろ」「解釈でどうにでもなるのだから、最小限度などと言わず、必要な行為は何でもできるようにせよ」と、執拗に迫っている。怖い議論である。

木村は、国際法、憲法9条、13条と、憲法にはそもそも軍の規定がないこと、従って軍を活動させる手続き規定がないことをもって、橋下の主張を抑えている。

それでも、なおかつ橋下が同じ主張を繰り返すのは、既に述べた〝理屈抜きの確信〟であるが、それは同時に、木村の弱点を見抜いた上での確信でもある。

橋下は、「どんなに法理論を並べ立てようが、軍事力世界ランキング5位（2022年）

の自衛隊が武器をもって活動するとすれば、それを行政権の行使であると言い張るのは後付け説明である（**橋**⑮）」と、誰が何と言おうと、自衛隊の活動は行政活動ではなくて軍事行動であると内心では確信している。

木村は、国際法、憲法9条、13条で構成された政府解釈の強固さを信頼しているのか、その立場から説明を繰り返している。個人としての考えというより、最高裁の判決を否定できない一学者として、法理論に挑戦してくる問答相手に対して、法体系を示し、論点の整理を行っているつもりなのかもしれない。

このような木村の立場には、本質的な弱点がつきまとう。

第Ⅰ章～Ⅳ章で、繰り返し事実確認してきたように、生まれたばかりの、解釈されていない〝純潔な9条〟は明確である。「非武装・不戦」なのだから、必要最小限度という制限も、個別的自衛権と集団的自衛権の区別も、9条には関係のない概念である。9条は「限度内ならば武力行使が可能で、限度を超えたら不可能」というような条文ではない。だからこそ、9条には軍の規定も軍を活動させる手続きも書いてないのである。変質は、橋下でなくても誰が見ても明白である。

自衛隊は、隊員（予備を含む）約30万人、アメリカ製戦闘機、戦車、護衛艦、空母、潜水艦、ミサイルなどを装備した組織である。法的な位置付けとしては「行政組織」であり、〝軍隊〟とは呼ばれずに〝実力組織〟と呼ばれている。アメリカでは〝軍事兵器〟として使われている戦闘機やミサイルなども自衛隊では、〝行政上の必要装備〟と扱われることになる。このような虚構の上に、『72年見解』は地位を与えられている。

事実を事実として認める素直な心で判断すれば、虚構は一気に崩れる。長沼判決一審では、具体的で詳細な検討から自衛隊は戦力であると結論付けられ、それを否定した判決はどこからも出されていない。木村の弱点は、長沼判決一審で示された事実を事実として認めず、『72年見解』を安定したものとして、解説に徹している点である。

最高裁の判決に対する姿勢も、法律学者木村の弱点である。この問答では最高裁の判決に異議を申し立てるような主張は、木村はしていない。重要な、長沼判決（第一審、最高裁）について何も論評できないとすれば、学者の仕事というのは何なのだろうか。

そして、私が問題にしたい木村の弱点は、あと2点ある。

ひとつは、『憲法13条を基にした個別的自衛権容認説』の持つ、致命的な欠陥について指摘しない点である。13条を根拠に個別的自衛権を認めることは、初歩的基本的な論理性を欠いている（第Ⅷ章「『憲法13条が武力行使を認めている』?! 論理破壊の『72年見解』」参照）。「**木**①　9条解釈は法理論に徹すべし」というのであれば、『72年見解』の論理破壊を見逃してはいけない。

もうひとつは、木村が、法の支配、法治主義、立憲主義を掲げながら、政府による憲法解釈を基準にして、議論を展開している点である。「政府の解釈はこうなっている」と解説するだけならば、法の支配、法治主義、立憲主義とは程遠い。ましてや、「為政者を縛るのが憲法」という立憲主義の立場からすれば、政府見解を基軸にして議論を組み立てるのは矛盾である。

木村のこの弱点を橋下は察知しているので、このような問答になったと私は考えている。

選挙至上主義による暴論

橋③や**橋⑮**は、この問答の議論の中でも暴論中の暴論である。なぜ木村は、この暴論に無反応なのだろうか。

橋③では、「（憲法解釈について）総理大臣と最高裁は同じ立場である。最高裁に権威があるというのは、権威主義である」と主張している。総理大臣は行政府の長であるが、司法の長は最高裁である。裁判官は「独立してその職権を行ひ、憲法及び法律にのみ拘束される（憲法76条）」とあり、憲法や法律以外のものに影響されることがあってはならない。裁判官は、総理大臣の解釈によって自らの法判断を変えてはならないというのが、憲法の建前である。司法判断において総理大臣が最高裁と同じ立場であるというのは、どういう意味だろうか。どこから、そのような主張が出るのだろうか。

橋⑮では、「僕なんかではなく総理大臣が、『72年見解』は絶対ではないと、国民や最高裁に提案すべき。そして、最高裁が最後に判断する。これが今の憲法の仕組み」と主張している。「首相が憲法判断を国民や最高裁に提案すべき」という主張であるが、憲法のどこにそのような首相の役割が書かれているのだろうか。

橋②も〝選挙至上主義〟と評される、橋下の面目躍如たる暴論である。「政策は政治が判断する。その判断の是非は、選挙か最高裁がチェックするのが憲法の仕組み」と主張している。

選挙と最高裁がなぜ並列的に書かれているのか。「政策には国民の支持が必要」というのは当然であるが、選挙による政策への国民判断と最高裁による司法判断はまったく異質である。憲法違反の政策を政治（政府）が提案し、選挙で勝てば憲法違反の法案であっても正当化されるという主張ならば、とんでもないことである。

選挙の争点のひとつに憲法解釈が問われるような政策があり、それも含めたいくつかの争点で選挙が行われ、ある陣営が多くの支持を集めた場合、その陣営の憲法解釈に国民の支持が表明されたと見なすことは、極めて非民主主義的な姿勢なのである（東道利廣『「現代」と「その後」の社会』第Ⅴ章「民主主義を育て、民主主義で育つ社会」３「選挙という非民主主義」より）。選挙というものは、ひとつの政策や見解に対する国民的判断をするためのものではない。ましてや、憲法解釈の正しさは選挙で決めるものではない。

5　この問答の行き先

詳しく検討したように、この問答は、9条に対する公式政府解釈である『72年見解』の安定性を信じて、その立場から解説する憲法学者木村と、「『72年見解』は既に9条のひとつの解釈にすぎないのだから、状況の変化に対応してもっと自由に解釈を広げよ」と主張する橋下の問答である。

問答がふたりだけで、紙面上でなされている限り、木村の法理論で橋下の〝解釈拡大願望〟を一応抑えることができている。しかし、木村が依って立つ法理論には、既に述べたように、本質的弱点が存在する。橋下が執拗に主張したように、『72年見解』は、ひとつの解釈にすぎない。ねじ曲げられた解釈のひとつである。

そして、執拗な橋下の主張に対して、ついに「最高裁と政府見解によって示された憲法解釈論について、憲法学者をいくら批判しても、解釈は変更しようがない」（**木**⑧）と、自らの見識で応えようとせず、最高裁や政府を持ち出し、逃げ腰の論法を使っている。木村は、自らの憲法案を橋下に求められてもそれを示すことなく、最高裁判決や政府見解の解説に終始している。私たちは、憲法学者にそんなことだけを期待しているのではない。学者の存在価値が問われる。

このふたりの共通点は、〝本来の９条〟をないがしろにしている点である。ふたりの議論は、糸の切れた凧と同じである。〝本来の９条〟という糸が切れて、フラフラと〝情勢という風〟に流され、どこにでも飛んで行く。

問答者の一方は、虚構の〝一定の安定感〟を頼りに「このまま虚構にとどまれ」と言い、片方は「既に虚構なのだから、もっと大胆な虚構にせよ」と言い、本来の９条とかけ離れた地点で〝綱引き問答〟をしている。

社会不安が高まると世論はキナ臭い方向に傾き、「情勢に即応するため、解釈を自由に広げよ」という論調、橋下流の論調が、冷静で自制的な木村流論調を圧倒するようになる。実際、ロシアによるウクライナ侵攻という蛮行が開始されて以降、憲法論、防衛論も随分と様変わりしている。北朝鮮のミサイルが発射されるたび、世論は緊張感を高めている。

〝情勢という風〟の中、〝糸の切れた凧〟はどこに流されるのであろうか。

第3部

平和への道

ティータイム
〜『暴力の人類史』から学ぶこと〜

最終章に入る前に、どうしても〝触れておきたい〟著作がある。

２００４年に、『タイム誌』の〝世界で最も影響力のある１００人〟に選ばれた、ハーバード大学心理学教授スティーブン・ピンカーの著書『暴力の人類史』（幾島幸子・塩原通緒訳　青土社　２０１５年）である。この著書は、殺人による死亡者率が減り続けているというデータをもとに、様々な議論を展開している。

〝触れておきたい〟と書いたのは、内容があまりにも多岐にわたっていて、とても全体を論じることなど私には不可能だからである。それでもなお〝触れておきたい〟のは、現状認識において、私の平和論と、ピンカーの見解が、一見、真逆であるような部分があるからである。そのような部分について触れることにする。

この著作の価値は、膨大な過去の資料を世界中で調査発掘しているという点にある。古い資料調査には不正確さが不可避であるとしても、古代の戦場の発掘資料など、得難い調査結果がまとめられており、大きな敬意が払われるべき労作である。国家形成以前の争いによる死、記録に残されている殺人事件、死刑や拷問などによる死、奴隷取引における死、国家間の戦争による死など、あらゆる殺人行為の犠牲者が調べられている。戦争はなんと言っても殺人行為であるから、殺人の犠牲者数は、確かに重要な平和のバロメーターである。

ピンカーは、暴力を減らすことを目指してこの著書を出版したのであるが、現在の世界情勢の評価としては、「戦争の危機が深刻」と主張する平和論者とは逆であり、現在を「人類史上もっとも平和な時代」と評価している。

暴力に溢れていた古い時代から平和な時代に変わることができた原因を考察することが必要であると主張し、次のように述べている。

> 暴力が減少していることを認識すると、世界の見え方が変わってくる。過去はそれほど無垢ではなかったし、現在はそれほど邪悪で暗くはない。今日ある平和は、私達の祖先が暴力の蔓延する過去の状況に戦慄し、それを減らした努力の結果である。私達は、今日も残る暴力を減らすため努めるべきである。人間がどんな間違いをしたのかということばかりを問題にするのではなく、人間は確かに正しい行いをしてきたのであるから、その正しさに焦点を当てることもできる。〝なぜ戦争が起きるのか〟を問う代わりに〝なぜ平和があるのか〟を問うこともできる。

このような見解の相違に関して、ピンカーは心理学の見地から、例えば、次のように述べている。

人間の認知能力は、私達が暴力的な時代に生きていると信じやすい傾向をもたらす。〝血が流れればトップニュースになる〟という報道によって、その傾向は強められる。老衰で亡くなる老人のニュースより、暴力の犠牲で亡くなる人のニュースがお茶の間に届けられ記憶に残りやすい。人々は、暴力死の比率が実際は低くなっていても頻繁に起きていると感じる。

つまり、ピンカーは、私たちは現在起きている暴力的出来事を過大に感受すると述べている。そして、客観的に評価するため、殺人による死者数のデータを議論する。例えば、死者総数に対する殺人による死亡者の比率、また、総人口に対する殺人による死亡者の比率が用いられる。

死者の絶対数ではなくて比率を用いることについて、次のような趣旨の説明をしている。

絶対数でいえば、文明社会の破壊行為は原始社会と比べれば比較にならないほど大きいが、１００人の集団の50人（50％）が殺されるのと、人口１億人のうち１００万人（１％）が殺されるのと、どちらが暴力的なのかという問題である。暴力の犠牲になる危険性を表すためには、絶対数ではなく比率（確率）を見るべきである。１００万人が殺される事件の方が50人が殺される事件より規模は圧倒的に大きいが、殺される率が１％の方が50％よりもはるかに平和である。

このように、比率を用いて暴力の程度を議論することは、死への恐怖を問題とする心理学者としては自然なのかもしれない。しかし、社会全体の平和の度合いを評価する指標としてはあくまでそのひとつにすぎない。多くの平和論者とピンカーの現状認識の違いは、まさにその視点の違いに由来するのではないだろうか。

ピンカーの主要な主張をごく簡単にまとめると、次のようになる。

①殺人による死亡者の比率は一貫して減り続けている。

②比率の最初の大幅減少をもたらしたのは、〝リヴァイアサン（国家の統治機能）〟である。つまり、非国家的集団生活から統制の取れた中央集権的国家社会での生活に変わり、暴力は大きく減少した。

③秩序ある国家社会の中で、人々のマナーや道徳心が向上し、迷信などによる殺人が減り、殺人を忌避する意識や拷問や死刑や奴隷制度を否定する意識が育ち、文字文化

（文学作品）で養われた〝共感力〟が社会全体に広がり、また、通商は取引相手を大切にする意識を醸成し、殺人行為はさらに大幅に減少した。
④ただ、初期の〝リヴァイアサン〟は、無秩序さに由来する殺人を大きく減少させたが、弾圧的な権力者による暴力を生み出してしまった。このことについては、今日の世界も解決できていない。

この①～④の主張に、私は何の異論もない。日本において、例えば、徳川幕府が約２６０年の〝天下泰平〟を達成したことを思い浮かべれば納得できる。

集団で農耕を始めた人々は、収穫時期に現れる野盗暴力集団に悩まされ、また、隣接する集団との利権の争いも尽きなかっただろう。争いで命を失う人も多かっただろう。そこで登場したのが、野盗を制圧してくれる武士集団である。強力な武力で野盗から農民を守り、農民同士の争いの仲裁にも役割を果たすようになる。農民から年貢を取り、そのような役割を担い、農民である領民と武士である領主の関係、農民が武士に〝保護〟される関係がつくられる。「争い事を解決してやるから年貢を出せ」ということである。ピンカーは〝保護恐喝〟と表現している。多くの領民を保護する領主が力を持ち、多くの領主が領民と領地の争奪戦を繰り返し、その頂点に幕府が成立した。権力基盤を固める手法が磨かれ、徳川幕府は２６０年間の天下泰平を築いた。

確かにこのような〝リヴァイアサン〟によって、無秩序な争いが減り、死者数比率は大幅に減少しただろう。しかし、現代人は徳川時代を平和で良かったとは評価しない。それは、一定の平和的秩序の中で、道徳心や、より平穏無事を求める感情、他者と共感する余裕、理不尽な扱いに異議を申し立てる意識などが醸成され、人殺しが少なくなったことは確かであるとしても、それだけで人間は喜べなくなったからである。

このような議論では、ピンカーの主張に異論はないが、問題は次の３点である。

①殺人による死亡者の比率を、平和の判定基準として重要視しすぎている点である。殺人による死亡者の比率はもちろん重要指標であるが、それだけで平和の度合いを測るには無理がある。

②リヴァイアサン（国家機能）は、歴史の一段階では平和への役割を果たしたかもしれないが、今の世界の脅威はリヴァイアサン同士の争いである。個人の争いや小集団の争いとは規模の違う、巨大な破壊力・軍事力を持つ国家同士の争いが現代の主要な危険性である。もちろん、ピンカーもそのような認識は持っている。そしてリヴァイアサンの上に立つ国際的リヴァイアサンの必要もほのめかしている。しかし、国連の平和維持活動と、例えば軍事同盟ＮＡＴＯを同列のような評価をしている。そもそも、強力なリヴァイアサンに頼って平和を実現するという発想の限界に論及していない。

③この著書は、心理学、脳科学、人類学、歴史学、社会科学など、広い分野の深い見識に裏付けられた著書であるとされている。しかしながら、殺人に対する恐怖の心理学

的アプローチに重きを置きすぎているのではないだろうか。特に、政治的社会科学的アプローチに弱さがあるように、私には感じられる。

１　「第二次世界大戦」か「安史の乱（安禄山と史思明の乱）」か

例えば、①に関して、具体的な議論をしよう。「安史の乱」は、中国北部において、７５５年～７６３年、７年２か月の戦いであり、総戦死者は１３００万～３６００万人（ピンカーでは３６００万）とされている。「第二次世界大戦」は、１９３９年～１９４５年の６年間、世界60か国が参戦し、総戦死者は５０００万～８５００万（ピンカーでは５５００万）とされている。

ピンカーは「どちらがより暴力的な出来事であったか」を問い、死者の世界人口に対する比率から、安史の乱が圧倒的に暴力的であったと評価する。安史の乱の時代の死者３６００万人は、第二次世界大戦の時代の４億２９００万人に相当すると換算されている。このような評価では、安史の乱は歴史上最も暴力的な出来事、第二次世界大戦は歴史上９番目に暴力的な出来事であるとされる。

問いを「どちらが人類全体の生存を脅かした出来事だったか」と変えれば、答えは変わるだろうか。平和を評価するためには、このような問いかけも必要である。中国北部という地域的に限定された戦争と、世界中で繰り広げられた戦争では、人類全体に与える影響は歴然とした差がある。さらに、兵器の破壊力が問題にされなければならない。

安史の乱の記録によれば、倒れ伏した死体が30里（１２０キロメートル）も続いていたとされているが、基本的には兵士同士の直接対決戦・地上戦である。第二次世界大戦では、はるか上空から爆撃機が、兵士も民間人も、軍事施設も民家も、都市も国土も爆撃し破壊してしまった。破壊力は比較にならない。一瞬にして都市を破壊し10万人以上（広島）を殺してしまうほどの核兵器も登場した。安史の乱では「国破れて山河在り……」と詩に読まれたが、第二次世界大戦では、人間の生活の場が破壊され、放射能で汚染された。「国破れて山河も破れ……」である。

大戦後も、兵器の開発競争は激しくなるばかりである。広島型原爆の３３００倍の威力がある核弾頭の実験も済んでいる（１９６１年、ソ連）。ピーク時には7万発もあった核弾頭は２０２３年には1万２０００発まで減少しているが、現役核弾頭（いつでも使える核弾頭）の数は、２０１８年以降また増加に転じている。

兵器の性能を高めるための研究が止まったことはない。通常兵器の研究も同様である。さらに宇宙空間へと戦いの領域を広げ、破壊力の大きな兵器が研究されている。軍縮は成果を挙げず、各国は軍事力を強大化し続けている。戦争エネルギーは、世界中のあらゆるところで蓄積され続け、巨大化している。

ピンカーは、１９４５年以降の数十年を「かつてない平和の時代」と評価する根拠を、例えば「紛争において核兵器が使われた回数はゼロである」など7項目の指標を挙げている。このような評価は、現実無視と言われても仕方がない。朝鮮戦争において、国連軍総司令官マッカーサーは、原爆26発を投下する計画を具体的に申請し、トルーマン大統領がその申請を承認すれば決行されるところまで話が進んでいた（第Ⅳ章「朝鮮戦争〝9条の解釈〟の始まり」参照）。また、キューバ危機（１９６２年）では、核戦争が一触即発の状態まで事態が進んだ。後にマクナマラ米国国防長官は「核兵器で武装された国家間の危機管理は、本来的に危険かつ困難、不安定である。判断や情報の誤りゆえに、国家間の軍事行動の帰結を予知することは不可能である」と率直に語った。

軍拡競争によって、核兵器の威力はさらに巨大となり、また、〝使い勝手〟が良いものに開発され、地球を壊してしまえるほどのエネルギーを持つに至っている。「平和化」が進んでいるなら、なぜ、軍拡競争が止まらないのか。なぜ軍縮が進まないのか。危機は深まっている。

ピンカーは世界が平和になったという楽観論を前提に、「〝なぜ戦争が起きたのか〟を問題にするのではなく〝なぜ平和になったのか〟を議論することもできる」と主張しているが、やはり、世界中で60か国を巻き込むような大戦がなぜ起きたのか、政治的、社会科学的、歴史的アプローチをもっと重視するべきである。

2　殺人への忌避感性が平和運動を準備する

ピンカーの『暴力の人類史』は、前記①～③の問題点があるにもかかわらず、希望を与えてくれる貴重な著書である。

野性的生存競争時代を経て、殺し合いをしながら生き延びてきた人類が、より安心できる生き方を模索し、社会機構を変革し、法というものをつくり、殺人という行為についての忌避すべきことであるという意識を育んできたということは、間違いなく希望である。

ただ、現在は、リヴァイアサンのおかげで〝野性的暴力〟は減少したが、国家を単位とした争いが制御不能になるという問題が主要になっている。確かに、争いの頻度は少なくなり死亡者の人口比率も減少しているとしても、人類の生存の危機は減少するどころか、国家間の争いによって逆に増大している。

ピンカーの主張と真逆ではあるが、現代人が人類全体の生存の危機をより強く感じているのは、心理学的錯覚ではない。国家を単位とした、最新の科学を総動員した兵器の開発によって、地球を破壊し尽くし、人類を滅ぼし得る戦争エネルギーを人類は手にしてしまった。この現実に対して、大きな危機感を抱いているのである。

「殺人を忌避する感性の高まり」と「軍事力という殺人能力の増大」、この矛盾の中に現代人は投げ込まれている。殺人や野蛮な行為がありふれていた時代の感性と、現代人の感性が大きく異なっているからこそ、現代人は、現代社会の危険性をより敏感に察知できているのである。人が殺されることに無感覚であれば、平和を目指す主張も運動も成立しない。

私たちは、平和運動の前提条件が整えられているということを『暴力の人類史』から教えられる。「現状は平和である」として肯定するのではなく、「現状は危険である」として、現状からの脱却を目指す意識や感性が準備されていることを、『暴力の人類史』から学ぶべきである。残念なのは、貴重なデータを世に提示したピンカー自身が、必ずしもそのような主張をしていないことである。

最終章　平和への道は

1　「抑止力論」から自由に

平和への道を議論する前に、世界にはびこる〝抑止力論〟を断罪しておきたい。

抑止力論とは、「強い軍事力を持っていれば敵国から攻撃されない」「核兵器を持っていれば核攻撃されない」「銃を持っていれば銃で襲われない」というような考え方である。〝抑止力論〟は、軍事力を蓄えることを合理化している唯一の〝理論〟かもしれない。

アメリカで国民の銃所有が認められているのも、この抑止力論に依っている。銃所有支持者は「銃犯罪を抑止するためにも、国民が銃を所有する権利が必要」と主張している。そのアメリカにおける銃の乱射事件発生のデータがある。乱射事件の定義を「４人以上が撃たれた事件」として、２０１５年以降のデータを見れば、ほぼ1日に1件の割合で乱射事件が起きている。もっと小規模の事件は、もう1桁、2桁大きな割合で起きている（銃暴力統計サイト『Gun Violence Archive』より）。大きな事件が起きるたび、銃弾の販売量が増えるという実情も報告されている。世界で突出して銃事件が多い国が、銃抑止力論の国である。これが現実である。

あらゆる戦争は互いに「抑止力」を持つ国同士で起きた。抑止力を持つ国同士で戦争を抑止できなかったという事実は、抑止力論の破綻を示している。そもそも、抑止力論が正しいと考えるならば、すべての国が抑止力を持つことに賛成しなければならないが、抑止力論者は、自らが抑止力を持つことは肯定し、相手国が抑止力を持つことには反対している。抑止力論がまやかしであることに関して、これ以上の証拠はない。

2　人類の過去は戦争の歴史

本書の議論によって、9条の〝解釈によるねじ曲げ〟によって、憲法違反の既成事実が重ねられてきたことが、改めて確認できた。これまでの議論で徹底して明らかにしたように、9条は単純明快な「非武装・不戦」条文である。

自衛のためとして武力行使を可能にしたければ、正々堂々と、憲法9条を改正してから行わなければならない。それが法治主義であり、立憲主義である。また、9条を守るということは、条文を変えずに文化遺産として残すということではなく、現在重ねられている9条の蹂躙を直ちに止め、9条に基づいた安全保障政策や外交などを全面展開するということである。その意味では、現在、9条はまったく守られていない。

9条に対する正面からの批判は、「『非武装・不戦』の9条では他国の侵略から国民を守ることができず、平和は維持できない。どう対処するのか」というものである。これは、条文解釈の問題ではなく安全保障政策論である。この批判を真摯に受け止め、そのような批判者とも建設的議論をすることによって、非武装での安全保障政策を現実的なものにするということが、真に9条を守るということでもある。

まず、確認しておきたいのは、自衛力を持っていたとしても平和は維持できなかったという、過去の歴史である。二度の世界大戦は、日本もそうであったが、自衛力を持った多くの国が自衛を掲げて戦った。過去の戦争の多くは、「権益の自衛」を主張し合う国同士が軍拡の悪循環の末、戦争に突入した。自衛力は安全保障にはならないというのが、確かな現実である。

しかし、逆に、「非武装も、それだけでは安全保障にはならない」ということも現実である。武力の乏しい国が軍事大国に支配され滅ぼされるという歴史も繰り返されてきた。武装をしても凄惨な戦争になり、武力に劣れば滅ぼされることもあった。戦いに明け暮れていたのが過去の人類の歴史である。人類の過去は平和ではなかった。これが現実である。

3 「戦争エネルギー蓄積期間」は「平和」ではない

過去において、戦争をしていないほとんどの期間は平和と呼べる状態ではなかった。その期間に軍事力を拡大し、権益の再分割を主張し合い、衝突すれば戦争となった。戦争エネルギーの蓄積期間、戦争準備期間と呼ぶべきであった。

例えば、東南海地震はおよそ100年に一度、マグニチュード8程度の地震エネルギー蓄積で引き起こされる。地震が起きていない間にエネルギーが蓄積され、地震が準備されている。

戦争は、戦力蓄積によって初めて可能となる。蓄積された戦力は、使われれば惨禍となり、使われなければ使われるまで惨禍の危険度を上げ続ける。戦力的に優位な国は、他国を威圧することによって有利な権益を主張し、劣勢の国は対抗して戦力を蓄える。危険な戦争エネルギー蓄積競争の現実である。

戦争被害とは、戦争犠牲者や破壊行為による損害などを指す言葉である。軍事費などの費用は〝被害費〟とは呼ばれないが、戦争のために他の予算が削られたのであるから、実質的には〝戦争被害費〟と考えるべきである。

日本は、戦後78年以上直接戦争には参戦していないが、長期間ＧＤＰの１％を超える予算が防衛費として、戦車や戦闘機、戦艦、機関砲、ミサイルなどのため使われ、今、ＧＤＰの２％に増やされようとしている。「日本は78年以上も平和で良かった」と喜ぶのは、現実から目を背けすぎている。地震エネルギーが間違いなく蓄積されているのを知っていて、「１００年近く東南海地震が起きていなくて良かった」と喜ぶ人はいない。

日本だけではなく世界中で戦争エネルギーが蓄えられている。地震と違って、戦争エネルギーを決めるのは人間の意思である。この蓄積は、増やすも減らすも人間次第である。蓄積を止めない限り、「過去から続く戦争への道」を歩み続けることになる。「現実をよく見ろ」と言われるが、これこそが見逃してはならない現実である。

4　どの道を選ぶのか　3つの選択肢

やっと結論を出すことができる。武力保持とは、戦争エネルギーの蓄積、危険の蓄積であり、〝戦争被害〟を生み続ける行為である。蓄積エネルギーが噴出すれば、大量殺人、町の破壊、地球破壊が起きる。確かに、武力保持を選んでも不保持を選んでも、それで平和が達成される保証にはならない。ただ、武力保持の道を選べば、毎年〝戦争被害費〟を計上し、戦争エネルギーを蓄積していることになる。そして、確実に、永久に、平和とは逆の方向への道を歩むことになる。平和を望むとすれば、武力放棄の新しい道、過去にはなかった道を切り開く以外にはない。

「非武装・不戦の9条を守ることが唯一の平和への道である」

これは、あの〝戦争の専門家〟マッカーサー元帥が語った言葉である。幣原喜重郎がその平和論で述べたように（第Ⅱ章「「非武装・不戦」思想の源流へ遡る」参照）、自主的に武力を放棄するような非常識的な選択をする国家の出現は望めないのであるが、複雑な歴史の流れの中で偶然に重なった条件のおかげで、日本でそれが可能となり9条が誕生した。

現在、私たちには次の①〜③の選択肢が与えられている。

①この非常識なほどに平和主義の9条を活かして、平和への道を実際に切り開くのか。

②日本だけが非武装というのでは安心できないので、9条の平和主義を捨て、改正して、常識的とされている過去の戦争の道に戻り、自衛のためと称して、公然と〝戦争エネルギー〟を蓄えることを宣言するのか。

③9条の条文は単なる〝遺産〟として残され、または〝遠い未来の夢〟として祀り上げられ、実際的には蹂躙され続け、多額の税金が戦争準備に使われ、着々と戦争エネルギーと戦争への危険が蓄積され続け、そのため政府は国民に嘘をつき続け、多くの学者や評論家は政府の嘘を適当に批判しながら適当に容認し、司法はその独立性を自ら捨て「統治行為論」で責任回避を続け、立憲主義と法治主義は破壊され続けるのか。

　現在の日本の状態は③であり、何も変えなければ③のままである。私は、もちろん①のために、つまり「非武装・不戦」以外には平和への道はないということを明らかにするために、本書を出版した。ただ、具体的に①を実現するための実際的手段を論じるとすれば、本書の何倍もの議論と知恵と想像力の集結が必要であろう。

　すべての国が武力を捨てれば、戦争は世界からなくなる。誰もがその通りであると判断するだろう。①を選択することの困難は、ひとつの国が「非武装・不戦」を名実ともに実行したとして、多数の国が「非武装・不戦」でないという危険な状態をどう乗り切るかという点に尽きる。そして、その点について、十分な説得力を持つ主張は聞いたことがない。主張としてあり得たとしても、説得力がある実績として挙げることができる国の実例は乏しい。実績が乏しいから、夢物語として扱われる。

「非武装・不戦」は、過去の歴史を絶ち切り新しい歴史を開く、困難な課題なのである。ただ、本質的に難しいわけではない。平和を望む人が圧倒的多数なのだから、その人々が「兵器はいらない。戦わない」と、各自の意思表示を一斉にすればよいだけの話である。各自が自らの気持ちを確かめて、他の人々も自分と同じように「武器はいらない。戦争は嫌だ」と考えていると信じることができれば、それは可能となる。インターネットの発展により、各自が自らの意思表示をする手段は、格段に容易になっている。

5　世界平和への希望

世界平和への道が困難だからといって、何の可能性も示せないのでは、「武装でも非武装でも平和は困難」と、絶望を確認するだけの結論になってしまう。

平和への希望となり得る事柄を以下に列挙して、締めくくりとしたい。**希望1〜希望9**

は、今までの議論のまとめでもある。

【希望1】殺人行為を忌避する感性の高まり

ピンカーの『暴力の人類史』（青土社　2015年）で明らかにされたように、人類で殺人に対する忌避感性は世界的に高まることが大きな歴史の流れとなっている。これは確かな事実である。

野性的な生存競争の中で殺人がありふれた行為であった時代から、リヴァイアサンの確立によって、ある程度の安定した生活が可能となり、マナーや道徳心の向上、文字文化の普及によって共感力が高められ、殺人行為が起きる確率が低くなり、殺人を忌避する感性が飛躍的に育っていった。

現在、世界の平和にとって最大の危機は、リヴァイアサンによってもたらされている。戦争という、小集団規模の殺人とは桁違いの大規模殺人行為である。ピンカーも指摘するように、リヴァイアサンによる殺人という問題は未だに解決されていない。そして、殺人行為への忌避感性がリヴァイアサンによってもたらされたとしても、一度もたらされた感性はリヴァイアサンによる殺人にも批判の目を向けさせる。戦争を廃棄し、武装を廃棄する感性的な準備はますます整えられていく。人類が新しい道に進むことができるとすれば、この高まりつつある感性が頼りである。

現代では戦争を好むことを公言する個人はほとんどいない。ヒトラーやチャーチルは、戦争を好み、戦いの中で自分の存在感を確認していたと伝えられている（NHKの番組『映像の世紀　バタフライエフェクト　チャーチルVSヒトラー』より）。また、岸信介も、既に紹介したように、「冷戦の激化」に自らの復活を懸けた（第Ⅳ章「朝鮮戦争〝9条の解釈〟の始まり」参照）。確かに、人類は生存のために、〝戦争で力を発揮する個性〟も含めて、いろいろな個性を準備しているのかもしれないが、人類が平和への道を歩めば、好戦的な個性が表舞台に出る機会はなくなる。

平和の危機が深刻化しているのは事実であるが、平和運動が実を結ぶための心理的準備がどんどんできているというのも事実であり、希望である。

【希望2】軍隊を保有しない国は、20か国以上存在している

現代人は、「なくて済むならば軍隊はなくしたい」と考えている人がほとんどであると、私は信じている。必要悪なのか不必要なのか、それは「軍隊を保有しなくても、人は幸せに暮らしていけるのか」という問題である。

バチカン、アイスランド、リヒテンシュタイン、パナマ、コスタリカ、ドミニカ国、サ

モア、モナコ、ツバル、モーリシャス……など、世界で20か国以上の国は、軍隊と言えるような組織を保有していない。この中には、『幸福度指数』で世界一と評価された国も存在する。

軍隊を保有しない理由は様々である。保有したくても保有できない場合もある。軍事大国が小国に攻め入り、小国の政府を大国にとって都合の良いような政府に取り換え、その後クーデターなどが起きないよう、大国の意向により軍隊を廃棄したような場合もある。また、自らは軍隊を保有していないとしても、非常事態に際しては諸国連合の一員として、他国の軍事力に頼る方針をとっている場合もある。

これらの国は、単に軍隊がないからといって、「非武装・不戦」の平和思想によって国の安全保障を獲得していると評価することは、もちろんできない。また、バチカンは特別な国であり、他国はバチカンと同じ立場にはなれない。他国の武力に頼っているのであれば、自ら武装する以上に批判されるべきであると、評価されても仕方ないだろう。また、軍事面での依存関係は、経済面での不利益と結び付き、負の側面が生じているに違いない。

「非武装・不戦」の平和主義で、文句なしの成功実績として賞賛できる実例は、残念ながら私には思い浮かばない。最もそれに近いのは中米の〝海岸が豊かな国〟、コスタリカかもしれない。論者によってコスタリカの評価は異なっているが、以下の事実は注目に値するのではないかと思われる。

コスタリカ憲法12条（１９４９年公布）――

常設の組織としての軍隊は禁止する。公共の秩序維持のためには必要な警察力を置く。軍隊は、大陸協定ないし国防のためにのみ組織することができる。

非常事態の際には国会議員の3分の2の賛成により、徴兵制の実施及び軍隊の編成の権限が大統領に与えられている。戦車・戦闘機・軍艦といった通常の軍事力は保有していない。哨戒艇、監視航空機、小火器類を保有する国境警備隊航空監視員などの警察力が配置されている。

１９８０年代、米ソの冷戦を背景に中米紛争が起きたが、そのときも軍隊は組織されなかった。紛争のさなか、１９８３年にモンへ大統領は「コスタリカの永世的、積極的、非武装中立に関する大統領宣言」を行い、それを引き継いだアリアス大統領は、中米紛争の平和的解決に大きな貢献をしたとして、ノーベル平和賞を受賞した（１９８７年）。一方で集団的安全保障条約である米州相互援助条約（リオ条約：冷戦構造を反映した条約）には、非軍事的協力を行うという立場で加盟している。

２００３年、イラク戦争で、コスタリカ政府はアメリカ中心の有志連合に加わる政策を採ったが、市民・弁護士協会などが憲法違反であると憲法裁判所に提訴した。２００４年、裁判官全員一致で憲法違反であるとの判決を下し、コスタリカは有志連合から外れ、永世中立が再確認された。米州機構や米州相互援助機構に加盟しているが、軍事的協力は行わないことが了解されている。これは、２００４年の判決の効果でもある。

２０１４年、隣国のニカラグアによる領土侵略を受け、その際、当時の政権は軍隊の結成を訴えたが、その通りにはならず、国際司法裁判所に訴えることとなり、訴えが認められ、軍事的対立ではない解決策が採られた。

司法が憲法判断から逃げている日本の現状と比較すれば、裁判所の機能が生きているコスタリカの存在が貴重に思える。そして何より、憲法上、軍隊を組織することは可能であるにもかかわらず、現在では圧倒的多数のコスタリカ人は迷いなく「軍隊は不要」であると確信を持っている点が重要である。憲法上軍隊が持てないとなっているにもかかわらず、国民の多数が「（自衛のためならば）軍隊は必要」と考えており（第Ⅴ章「憲法の平和主義　国民世論調査が示していること」参照）、条文が蹂躙され続けている日本から見れば、コスタリカの実情はなおさら貴重である。

世界平和度指数というものがある。３種類のカテゴリー（①社会の安全・治安、②現在進行中の国内外の紛争、③軍事化）に分けられた24項目について、数値化した指数である。

24の項目には、例えば、（１）対外戦争や内戦の数、（３）戦争による推定死者数、（９）人権尊重のレベル、（11）殺人事件の数、（16）軍事費のＧＤＰ比率、（22）重兵器の数、などがある。このような指数化には、不公正ではないという批判もあるので、あくまでひとつの目安としての話であるが、例えばアイスランドは16年間連続で、世界で一番平和な国との評価を得ている。アイスランドがＮＡＴＯの軍事力に頼るという立場でなければ、理想的な例として挙げたいところである。残念である。

ただ、そのような場合でも希望になりうるのは、軍隊がない期間が長く続くことで、軍隊の必要性を国民が忘れてしまう可能性があるということである。〝国家の進化〟の過程で、長期間使われることがなかった組織として、軍隊が〝退化〟してしまえばよいのである。コスタリカ研究家の足立力也は、コスタリカは「軍隊を放棄した国」というより「軍隊を忘れた国」と表現すべきであるというようなことを語っている（『丸腰国家 ―軍隊を放棄したコスタリカ 60年の平和戦略―』扶桑社 ２０１７年より）。

ともかく、様々な経緯や、地理的条件などの特殊性はありながら、現在の世界においても、軍隊がなくても滅ぼされていない国があるという事実は、希望である。そのような国では、軍隊がないことが当たり前という感性が国民に定着し、たとえ未解決の不合理な面が残されていても、新しい感性の下でその不合理も解消されることが期待される。

【希望3】「戦争は犯罪である」という意識の高まり

不戦条約は、１９２８年、世界的反戦運動の高まりの中、原署名国15か国、締結国63か国で結ばれた。「非武装・不戦」を明文化したこの条約は、今も生きている。残念なことに、締結した国は、この条文をそのまま認めたのではなく、各国政府が勝手に「自衛のための武装は可能」などの留保条件を付けて批准したので、条約締結がそのまま戦争の廃止にはつながらなかった。しかし、紛争は戦争で決着するのが当たり前になっていた当時の常識が覆されたことの意義は大きい。この条約が結ばれるまで、戦争に勝って領土や権益を手に入れることは、英雄的な行為と讃えられていた。

明治の知識人の代表のひとりであるあの福沢諭吉は『学問のすゝめ』（『現代語訳　学問のすすめ』齋藤 孝［訳］筑摩書房　２００９年）で、「自分の国が豊かで強いからといって、貧しく弱い国に無理を加えるとすれば、相撲取りがその腕力で病人の腕をへし折るのと変わらない」と述べていた。そんな福沢諭吉でさえ、いざ戦争という場面では「日清戦争は文明と野蛮の戦争なり」「我輩の目的はただ戦勝にあるのみ、勝利を得て国権を伸ばし、同胞の日本国人が世界に対して肩身を広くするの愉快さえあれば、内はいかなる不平不条理あるも、これを論ずるいとまあらず」と、好戦的世論形成に一役買っていた。

本当に短期間に、戦争観は大きく変わった。不戦条約によって、「英雄的行為」から「犯罪行為」への評価の反転、わずか１００年足らず前の出来事である。現在、「権益のためであれば戦争をすべき」と、かつての英雄と同じ主張を公言する人は、社会の表舞台には出ていない。常識は覆る、これは希望である。

【希望４】核兵器禁止条約

この条約は、２０１７年に国連総会で賛成多数で採択され、２０２０年に50か国の批准に達し、２０２１年1月から発効した（２０２３年、署名93か国、批准69か国）。核兵器という特別な兵器の廃絶を目指した国際条約である。

特に注意を促したいのは、「いかなる場合にも核兵器が再び使用されないことを保証する**唯一の方法**は核兵器の廃絶である」と宣言している点である。核兵器は確かに特別な兵器ではあるが、通常兵器も殺人と破壊を目的とする点では同じである。「核兵器」を「軍備一般」に言い替えると、「いかなる場合にも戦争という惨禍が起きないことを保証する**唯一の方法**は軍備の廃絶である」という宣言になる。これは憲法９条である。

このような宣言が国際世論をリードする時代に差し掛かっているのは、大きな希望である。憲法９条は、確かに世界の常識の先を行く、世界をリードする条文なのである。

核兵器禁止条約は、核保有国やその庇護に頼る国は批准していないが、それは見方を変えれば、少数の大国の思惑で世界がリードできない時代になっているということでもある。それも、また希望である。

【希望5】国際的世論の集約の場　国連総会

国連安全保障理事会の機能不全については、衆知の通り、多くの批判を集めている。また、第Ⅱ章（「非武装・不戦」思想の源流へ遡る）で議論したように、国連憲章は戦勝国中心の世界秩序維持構想であり、内容的には不戦条約からも後退している。国連憲章では、一般的に「武力行使は慎むべき」としているが、実際的には「紛争が起きれば国連軍が武力鎮圧する」という考え方である。

国連に対する多くの批判は、「拒否権のおかげで国連軍が機能しない」というものであるが、このような批判は矛先を間違えている。第Ⅳ章（朝鮮戦争〝9条の解釈〟の始まり）で議論したように、朝鮮戦争では、国連軍が機能したおかげで、あわや核兵器使用の第三次世界大戦に発展する寸前まで、事態は深刻になった。たった15か国（拒否権を持つ5か国の常任理事国と10か国の非常任理事国）の判断で国連軍の動きが決められるのは危険である。「強大な国連軍の力で紛争を鎮圧する」という発想では、過去から続く戦争への道を断ち切ることはできない。

このような安全保障理事会の問題を抱えながらも、なお国連の存在が希望であるのは、平和的国際世論を集約する場としての国連総会が、現在のところかけがえのない存在であるからである。

ロシアのウクライナ侵攻に対しては、２０２３年2月、国連総会の場でロシアの侵攻を非難する決議が１４１か国の賛成で採択された（反対はロシアなど7か国、棄権は中国、インドなど32か国）。もっと迅速にもっと多数の賛成で採択されるべきだったという問題や、決議にもかかわらずロシアの蛮行を未だに止められていないという問題は残るが、それでも、国際世論はロシアの蛮行を許していないということが明確になった。

「植民地独立付与宣言（１９６０年12月）」も、「核兵器禁止条約（２０１７年）」も国連総会で議決された。確かに、即座にすべての植民地が独立したわけではなかったし、国家間の経済的搾取関係は解決されたわけではない。また、核兵器の廃絶も実現されていない。ただ、決議の内容としては、国際社会が向かうべき方向を示している。

国連に権力を持った執行機関としての役割を求めることはできないし、すべきでもない。そのような権力は、また別の問題を生む。権力は持っていないけれど、国連総会の決議として、その時点で人類全体が正しいと判断したことを、人類全体に示したことの意義は大きい。

ロシアにとって、１４１か国から批判を受けながらウクライナ侵攻を行っているということは、一時たりとも頭から離れないであろう。議決に反対や棄権した国も、ロシアが正しいことをしていると思っているのではないだろう。何らかの利害関係をちらつかせた効果であるということは、ロシア自身が一番よく知っている。ロシアという国は、軍事大国であっても、国際社会で大きな信頼を得ることがないのは明らかである。
また、核保有国についても、禁止条約に批准した68か国と署名国92か国が、保有国を批判的な目で見ていることは明らかとなった。そのような保有国は、国際社会でずっと尊敬される位置に座っていることはできないだろう。

国連の存在意義を、権力機構として執行能力に求めるのは間違いである。平和の実現という課題は、本書の議論を通して明らかにしてきたように、武力（権力）によっては達成できない課題である。権力を持たない、そして、少数の大国の権力によって左右されることもない国連総会の判断こそが尊いものであると考えるべきである。

力によって左右される判断は、きっと平和にとっては間違った判断である。大国の力によって左右されることがない国際世論を集約する場になる可能性を持っている国連総会は、希望である。

ただ、国連総会での決議に常に正しさが保証されていると、思考を停止して信用するのは、一種の怠慢である。あくまで、国際世論の集約の場でしかない。国際世論も間違った方向に傾くことがある。大切なのは、常に検証し続け、誤りに気付けば迅速に正すことである。

本書の原稿をほぼ書き上げた頃に、パレスチナにおける悲惨な争いがまたもや起きてしまった。平和を語るならば、また、国連総会決議の意義を語るならば、パレスチナの惨禍に触れないわけにはいかないと思い直し、一言加筆することにした。

１９４７年のパレスチナ分割に関する国連決議は、とても公正・公平なものと見なすことはできない。ユダヤ民族もアラブ民族も戦争の歴史の中で翻弄されてきた。複雑な経緯があるので簡単に述べることはできないとしても、第一次世界大戦以前は、パレスチナ地区でユダヤ人とアラブ人は共に暮らし、争ってはいなかった。今日の紛争の直接の原因は、第一次世界大戦における、イギリスの不誠実な密約にある。イギリスはユダヤ人とアラブ人の両方に国家建設を後押しするという、実行できない密約（バルフォア宣言とフセイン・マクマホン協定）をし、アラブ人に対する約束を反故にしてしまった。そして、起こるべくして起きたユダヤ人とアラブ人の紛争の激化を処理できず、無責任にも途中で統治・調整を放棄し、国連に解決を丸投げしてしまった。

解決のため、国連はユダヤ人とアラブ人の共存の道をもっともっと粘り強く探さなければならなかった。明らかにユダヤ人有利に偏った１９４７年の国連決議は、密約によって生じる矛盾をパレスチナに住んでいたアラブ人への犠牲として押し付けたことになる。アラブ人にとって、受け入れがたい決議であったので、ユダヤ人の国イスラエルが建国された１９４８年5月14日の翌日に、パレスチナ戦争（第一次中東戦争）が勃発した。

最初のボタンの掛け違いから既成事実が重なり、問題はより複雑になり、解決はより困難になっている。パレスチナ人とユダヤ人のどちらか一方だけに犠牲が押し付けられているような状態で、収まるはずがない。公正・公平な判断によって武力に頼らない解決の方向を示すことが、国連の役割である。それができなければ、現在ガザ地区やイスラエルで起きているような惨禍はなくならないし、世界中からテロがなくなることもない。ガンディーが唱え、キング牧師が実践したような、迫害とそれに対する報復の繰り返しという悪循環から脱することが可能となる思想が求められている。どんな場合でも武力を使わないという、憲法９条の思想である。

国連総会が平和にとっての希望であるためには、あらゆる紛争に対して、世界中から知恵を集めて、このような思想によって、軍事力に依らない解決策を示すことである。現在、そのような役割ができていないにもかかわらずあえて希望に挙げたのは、それが国連の存在意義であり、粘り強い努力によってそれは可能であるからである。

【希望６】健全な通商や文化交流の広がり

例えば、通商関係は平和でなければ発展しない。しかも、搾取的な取引ではなくお互いが繁栄するような国と国の経済関係を築くことが永続的発展の条件である。もちろん、現在、搾取的な関係が国家間格差の原因として世界を不安定にしているのも事実であるが、その中でも、お互いが豊かになるための通商も発展している。

文化・芸術・スポーツ交流なども、交流相手が豊かであれば活発になる。発展している経済活動や文化・芸術・スポーツなどの活動における国際交流活動は、改めて言うまでもないが、平和への大きな希望である。

【希望7】9条を活かした外交はまだ始まってもいない　これからである

9条の「非武装・不戦」思想がしっかりと育ち、現実的力を発揮するためにはいろいろな努力が必要であった。国民に詳しく説明し理解を促し、他国に日本の立場を理解してもらって、平和を基調とした外交関係や国民同士の人間的つながりを育むことなどの努力である。

残念ながら、日本政府は9条誕生後3年で、9条を育てて平和を希求する立場を放棄し、アメリカの軍事的抑止力に頼る立場に豹変した（させられた）。にもかかわらず、「非武装・不戦」思想は、国民の中で根強い支持を得ている。多数派ではないとしても、日清・日露戦争時代や世界大戦中の世論と比べれば、はるかに「非武装・不戦」が多く語られている。

外交について言えば、例えば、北朝鮮のミサイル攻撃が大きな脅威として取り上げられているが、日本は独立国として1対1で北朝鮮と真剣に外交をしたことがあっただろうか。北朝鮮に日本を侵略しなければならない根本的な理由が本当にあるのかという点について、日本政府はどのように考えているだろうか。北朝鮮は日本の領土を狙っている？　日本の何かを奪い取ろうとしている？　現在、北朝鮮が日本を敵視する理由はどこにあるのだろうか。

誰もが思い浮かぶのは、北朝鮮はまだ朝鮮戦争を戦っているということである。北朝鮮は、「隙を見せれば、対戦国のアメリカに滅ぼされる」という心配をしている。日本は、そのアメリカの〝手下〟であり、アメリカに基地を提供し、〝親分〟の命令があれば北朝鮮に敵対する国であると考えている。日本が独立国として、「非武装・不戦」の一貫した姿勢を示せば、北朝鮮の日本敵視は大きく減退する可能性が大きい。実際、北朝鮮がミサイル発射実験を行うのは、米韓軍事演習や米韓日合同軍事演習があるときが多い。日本政府がアメリカの手下となる道を選び、自ら9条を蹂躙していることが、北朝鮮の蛮行をエスカレートさせ、酷いものにしている。怖がっている相手をことさら刺激するのは、外交としては最悪である。

蛮行を繰り返す北朝鮮は国際的に孤立していく。悲しいかな、同じように蛮行から孤立を深めるロシアと結び付く。中国とも結び付く。かつて国際的に孤立した日本は、ドイツやイタリア、ロシアと結び付き、同盟関係をつくり戦争に突入した。

集団的自衛権というのは、このような古い戦争の歴史を引きずっている概念でもある。軍事的ではない集団的な対応全般を批判するのは誤りであるが、集団となり武装を固め合う軍事同盟の先に平和はない。

日本は、どの国に対しても軍事力を完全に放棄したことを示し、文化・芸術・スポーツや経済的な分野などで交流を進め、帝国主義的・搾取的でない互恵関係を深めることが9条を活かした外交である。憲法公布後、そのような外交を、どこの国ともしてこなかった。政府は何もしなかった。何もせず、「非武装・不戦は夢物語である」と、自国の憲法9条の平和主義を貶し続けてきた。これこそが、自虐的憲法9条観である。

試みたことがない、9条を活かした外交を始めれば、平和への大きな前進が得られる。

【希望8】平等互恵の閉鎖的でない諸国連合への期待

世界で植民地と呼ばれる国はなくなったが、国家間の搾取関係は今も残っている。力によって権益を主張し合うような関係では必ず不満が生じ、相手の力を覆す力が必要となる。そのような帝国主義の名残を残したような関係ではなく、お互いの国がお互いにとって好ましく感じられるような関係ができれば、戦争の理由がなくなる。その意味で、相互援助型、相互繁栄型、平等互恵型の諸国連合の試みが成功することは、大きな希望である。

そのような諸国連合の希望的な例として、欧州連合（ＥＵ）や東南アジア諸国連合（ＡＳＥＡＮ）を挙げたいところではある。ＥＵは、争いの絶えなかった西欧の平和に貢献したとしてノーベル平和賞を授与された（２０１２年）。また、『ＡＳＥＡＮ憲章』では、武力行使に依らない紛争解決、核兵器の拒否、民主主義の促進など、平和への重要な原則が打ち出されている。その憲章に添った発展を望むばかりであるが、まだ私たちの前には進展がはっきり見えていない。

ＥＵは大きな基本的な問題を抱えている。ＥＵ加盟国とＮＡＴＯ軍事同盟の加盟国の多くが重なり合っている。国連憲章の本質的弱点がそのまま表れているのが、ＮＡＴＯである。ＮＡＴＯは、国連憲章で認められている集団的自衛権の枠組みである。集団的自衛権は戦争のリスクを一時的に小さくするという面を持ちながら、結局、軍拡競争を大規模にし、準備に時間をかけてより巨大な戦争を引き起こすリスクを大きくする。ＮＡＴＯ諸国（多くのＥＵ諸国）は、ＧＤＰの約２％を軍事費として戦争エネルギーを蓄積し続けている。このような状態が変わったとき、初めてＥＵが平和への希望となり得る。

注意すべきは、諸国連合が〝巨大な連合帝国〟と同じになってはならないことである。

【希望９】「武装せず、暴力を使わないことを力とする」運動の存在

実績を伴った大きな希望を最後に示そう。旧ソ連で初めて独立の意思表示をしたのはエストニア（１９８８年）であり、リトアニア、ラトビアがそれに続いた。〝人間の鎖〟の活動は、１９８９年８月23日、独ソ不可侵条約（密約）によるソビエト占領に抗議し、独立回復を訴え、国際社会にバルト三国の存在を訴えた、完全に非暴力的な抗議活動である。約２００万人（人口のおよそ４分の１）が６００キロメートル手をつなぎ、三国の首都を結んだ。この６００キロメートルは〝バルトの道〟と呼ばれている。この活動は、バルト三国の独立にとって大きな役割を果たした。もちろん独立の達成には複雑な経緯を経なければならないことにはなるが、〝ソビエト型帝国主義〟の崩壊につながり、バルト三国は１９９１年に独立を達成した。

ソ連が、ゴルバチョフという指導者によってペレストロイカ、グラスノスチが推進されていたという時運もあったかもしれないが、非暴力抗議活動の成功例である。以後、世界各地で何回も〝人間の鎖〟がつくられている。両手をつなぎ合った姿は、非暴力の象徴である。手をつないでいれば、殴られても殴り返すこともできない。

「非武装・不戦」を揶揄する人たちは「竹槍で国が守れるのか」と言うが、「竹槍さえ持たない」ことが大切であるとは考えないようである。

「武装せず、暴力を使わないことを力とする」運動の成功例は、大きな希望である。

あとがきに代えて

1　平和実現と環境問題

本書においては、環境問題は主要テーマではない。ただ、私は、環境問題を、二重の矛盾の現れととらえるべきであると考えてきた。「人間界内部の矛盾」と、「矛盾を内包する人間界全体と、人間界以外の自然の間の矛盾」が重なった問題である（東道利廣『「現代」と「その後」の社会』第Ⅳ章「環境問題で問われていること」風詠社　２０２０年より）。そうだとすれば、人間界の内部問題である平和の達成にとっても、環境の変化が大きな影響力を持つことになる。やはり、平和を議論する場合、環境問題について触れないわけにはいかない。

　いろいろな種類の環境問題が、平和の実現にとって大きな障害となって立ちはだかっている。環境問題によって、平和実現のために積み上げられてきた努力が、一気に水泡に帰す可能性が現実のものとなっている。環境問題の解決と、環境問題の深刻化によってさらに困難になる平和の実現、ふたつの超困難な課題が人類には突きつけられている。

端的に言えば、例えば、水や食料が不足すれば、ピンカーの『暴力の人類史』（青土社２０１５年）が示したような暴力に溢れた大昔の時代に逆戻りする危険性があるということである。

現在、世界の食料需要を支えているのは、緑の革命によって始められた工業的な大規模農業である。世界中で行われている工業的農業は、何千年もかかって蓄積された地下水を一気に消費している。化石燃料を一気に消費したのと同じように、地下水も消費してきた。穀物にもよるが、穀物1キログラムを生産するには、平均して約１０００リットルの水が必要とされ、その穀物を飼料として牛肉が生産される。牛肉1キログラムを生産するには、約1万５０００リットルの水が必要であるとされている。現在、世界人口の10％（８億人）以上の人々が飢餓状態にある。牛肉に回す穀物を直接人間に回せば、今のところは、飢餓を救えると言われている。牛肉は先進国の飽食の象徴である。

世界中の地下水のデータから、この数十年の間に地下水の大半が使われ、２０３０年頃から枯渇する地域が増え、遅くても２０５０年には、世界中の70％の地域で地下水が枯渇するとシミュレーションされている。地下水がなくなれば、世界の食料を支えていた〝穀物生産工業地帯〟から穀物が収穫されなくなり、牛の飼料がなくなるだけでなく人間が食べる穀物も、絶対量で不足するようになる。

トウモロコシで言えば、世界の輸出量の75％は5か国（２０２1年　アメリカ、ロシア、ウクライナ、ブラジル、アルゼンチン）で独占されている。地下水の枯渇は、どの地帯でも同じように進んでいる。生産国は、不足がちになればもちろん輸出を減らす。世界市場では、たとえ10％であっても市場に出回る穀物が減れば大混乱となる。世界中で食料の争奪戦が始まる。穀物争奪戦は既に始まっていると言われている。

ちなみに、食料自給率において世界最低レベル（38％）の日本は、水に換算して毎年80兆リットル分の食料を輸入に頼っている。80兆リットルは、日本人全体が使う1年間の水の量と同じである。雨水に恵まれた日本は、国内の雨水を利用すればよいので、本来、〝水の輸入〟は不必要である。

食料自給に無頓着な日本政府は、農業という産業を軽視してきた。多くの中小零細農家は経営がますます苦しくなり、例えば、市場競争力の弱い山間地農業は、あと10年もすれば耕作放棄地の原野ばかりとなる。食料自給率はますます下がり、他国の地下水に依存することになる。雨水に恵まれた日本が、危機に瀕している他国の地下水に依存するという状態になるのは、ひとえに農業軽視政策の責任である。政府が、食料や水がこのような状態にあることを知らないはずはない。政府は、安全保障といえば軍事的安全保障のことしか国民に広報していない。北朝鮮のミサイルの脅威を訴えるのと同じぐらい熱心に、食料自給に取り組まなければならない。

世界中が食料や水を奪い合う状態となれば、世界平和の議論は、目の前の「食料不足問題」より優先されることはないだろう。熾烈な食べ物の争奪戦の中では、平和を尊ぶ冷静な理性はどこかに吹き飛ばされてしまう。

水や食料に限らず、環境問題の深刻化は、平和にとって大きな障害である。

2　今すぐ何ができるか

平和への希望を9点しか挙げることができなかった。9点の中には、希望というより願望でしかないものもあった。これでは平和への道が確かなものになるとは、もちろん言えない。平和達成という課題の困難さを改めて思い知らされる。しかし、衆知を集めればもっと多様な希望が提示されるはずであるし、何より、様々な活動によって新たな希望が生まれる。平和への道を切り開く行動は、そのような創造的な、人々の共同作業である。

もちろん、基本的な到達目標は、すべての国が平和的な政府を樹立し、「非武装・不戦」憲法を制定し、直ちに軍縮を進め、非武装をいち早く達成することである。しかし、今、世界中の国の政府は、「非武装・不戦」どころか、ロシアのウクライナ侵攻を機に、その逆の方向に舵を切り、世論もその方向に流されがちになっている。
「非武装・不戦」は、極めてシンプルな主張である。誰もが本当は「武器は要らない。人殺しはしたくない」と考えている。にもかかわらず賛成者が多くないのは、理想的すぎて実現できないと思っているだけであり、「武器を増やし、大量に人を殺しましょう」と望んでいる人が多いからではない。実現可能ならば、圧倒的多数が賛成するはずである。もちろん、可能にするも不可能にするも、人間が決めるのである。とすれば、平和を望む自らの感性を各自が表明すれば、多数の人がそれに続くはずである。

以上のような考えのもと、すべての人が**〝「人を殺すのはいやだ」と表明する世界運動〟**の展開を提案したい。この運動は、私にとって、**第10番目の希望**である。運動といっても、ただ表明するだけでよい。それだけで効果を期待するのは馬鹿げていると一笑に付されるかもしれないが、世界の流れを一気に変えるためには、世界中の人が一斉に直接的意思表示をすることが必要である。

例えば、日を決めて、世界中で「人を殺すのはいやだ」という発信を行うというのは、どうであろうか。バルト三国で、独ソ不可侵条約（密約）の記念日として、8月23日に〝人間の鎖〟を実施したのと同じように、日を決めて一斉に発信するのである。

私がこのような世界運動を提案する理由をお示ししたい。

【1】『暴力の人類史』（青土社　２０１５年）で、人類は殺人忌避の感性を強めているこ

とが実証された。未来はこの方向にある。

【2】多くの思想家が語っているように「戦争は意図した殺人行為」である。

大岡昇平氏の小説『俘虜記』（創元社　1948年）の一部が、たしか教科書教材に取り上げられていたのか、読んだ記憶がある。主人公の日本兵が、目の前にいる米兵を撃とうと思えば撃つことができたにもかかわらず撃たなかった場面である。なぜ米兵を殺さなかったのか、そのときの心理描写が書かれていた。人は、本来、人を殺したくないのだ。戦場にあってさえそのような人間本来の意識を取り戻すこともできるのだと、印象に残っている。

【3】ルソーは、「戦争では、勝っても負けても領民には犠牲だけがもたらされる。従って、領民に判断する権利が与えられれば、戦争は起きない」と、最も大切なことを語った。カントもその考えを引き継ぎ、不戦条約の「人民の名において、戦争が違法行為であることを宣言する」にも引き継がれている。

〝国や政府の常識〟と〝人々の常識〟は、必ずしも同じではない。「軍備で国を守る」という国家の常識ではなくて、「人を殺すのはいやだ」という人間の常識が優先されるべきである。「人民の名において、『私たちは人を殺したくありません』と宣言する」のである。

【4】浦部法穂の『憲法学教室』（第3版　日本評論社　2016年）に、「〝国の安全保障〟という考え方から、〝人間の安全保障〟という考え方に転換すべきである。そのような考

え方の転換が世界的な潮流になっている。憲法9条は、その潮流を先取りしたものである」というような記述があった。ここでも、「国家よりも人である」ことが指摘されている。人命を最優先に考えるような社会では、国家のために命を懸けて戦うことが称賛されることはないだろう。

【5】パリ不戦条約は、人々の運動に各国政府が突き動かされて結ばれた条約であるが、国連憲章は、第二次世界大戦の戦勝国の指導者たちが世界秩序を目的としてつくったという経緯にも起因しているのか、そもそもいっさいの戦争を禁止するような内容になっていない。

今、必要なのは、不戦条約を実現したときと同じような、いや、それを上回るような世界の人々の運動である。国や政府に頼るだけでなく、国や政府の枠を超えた人々の大きな直接的運動が必要である。そのような運動には、難しい理屈や議論は要らない。誰もが認める、シンプルで本質的に重要な主張がよい。

【6】トルストイは、「悪をもって悪に抗することなかれ。武力行使に抗して武力行使をすれば、必ず相手は武力行使を強め、悪循環が増長される。戦争に抵抗する手段としては、兵役拒否、軍隊や武器をつくるための租税納入を拒否すべき」と主張した。この高潔な主張を実践できる人は、トルストイと同じように強い信念に支えられている人であろう。

兵役拒否、納税拒否は平和的ではあるが、激しい抵抗である。すべての歴史が証明するように、激しい抵抗は激しい弾圧を生む。激しい弾圧にさらされる危険が少ない運動がよい。トルストイほど激しくないほうがよい。「人を殺すのはいやだ」と発信することは、トルストイの主張よりはるかに穏やかである。

【7】ガンディーは、インドが理不尽なイギリスの植民地支配下にあることを、シンプルに告発するために、「塩の行進」を行った。

かつてインドの人々は、海岸線で生活に必要な塩づくりを行っていた。イギリスは塩を専売化し利益を上げるため、塩づくりを禁止した。ガンディーたち数十名は、「海岸で塩づくりをしよう」と訴え、内陸部から海岸線へ約３８０キロメートル、24日間の行進を始めた。その行進に人々は合流し、塩づくりを始めた。もちろん違法行為であるから、参加者は弾圧され逮捕された。何万人もの人々が逮捕された。この事件が、植民地支配の理不尽さを告発する大きな力となり、インド独立に大きく貢献した。

ガンディーの提唱する運動は「サッティヤーグラハ」と呼ばれ、「真理の力を主張し続ける」運動である。

私は「平和への道」をつくるときこそ「サッティヤーグラハ」が必要だと考える。一気に、平和を実現できるシンプルな真理、反対されにくく効果があるような主張、誰もが実行でき効果があるような主張、そんな主張を掲げて、人々が直接的に参加できるような世界的な運動をつくれば事態は一転する。そんな主張があるのか？
ある！　世界中の人々が**「人を殺すのはいやだ」**と表明することである。「戦争反対」ではなく「人を殺したくありません」でよい。間違いなく効果はある。

戦争は結局、人殺しである。銃を持っていたとしても、人に向かって引き金を引くことができるのかできないのかで分かれる。戦場においては、人殺しもためらわない異常な心理状態になるのかもしれないが、冷静なときには「人殺しはしない」と考えておくことはできる。

徴兵制がある国では、徴兵を忌避すれば法律違反で罪となるが、それが嫌なら徴兵には応じればよい。ただ、戦場では「人は殺さない」という立場を無言で貫けばよい。上官の命令として、「銃を撃て」「ミサイルを発射せよ」「砲撃せよ」と言われれば、人に当たらないように撃てばよい。仮に異常な戦場心理から、人を殺してしまう人が皆無にはならないかもしれない。ただ、事前に「人を殺すのはいやだ」と表明することが大事である。過去の大戦においても、戦争推進者はファシズムによって国民を熱狂的に煽り立てることにやっきになっていた。戦争はそのような熱狂に支持されて推進されるが、**「人を殺すのはいやだ」**の表明は、熱狂を冷ますことができる。

「人を殺すのはいやだ」と表明することで、何かの罪になるだろうか。世界の大多数の国では、死刑が廃止されている。そんな国で「人を殺すのはいやだ」と表明して罪に問われる可能性は限りなく低い。少数の国では「国策に逆らった」というような罪にされるかもしれない。そのときは、本人の判断でいろいろな選択肢の中から、負担にならない方法を選べばよい。「人殺しをするふりをして、故意に失敗する」という選択肢まで含めれば、いろいろな方法が考えられるはずである。

　そもそも罪に問うとすれば、国家の側も大きなリスクを負う。「人を殺すのはいやだ」と表明することを罪にする国は、〝人殺し奨励国〟にしかならない。そのような国を誇らしく思う人は少ないだろう。

　ガンディーの「塩づくり」は、植民地インドでは法律違反であった。トルストイの提案も激しい法律違反の提案である。「人を殺したくない」と表明することは、それらと比べれば違法とされる可能性はもっと低い。違法でない行動ならば、誰でも参加できる。難しい理屈も何もいらない。「殺人の禁止」は、既に人類共通のルールになっていると言ってもよい。それを守るだけで、戦争はできなくなるのである。シンプルな真理を認めるだけの運動である。

　いくら既成事実を重ねて憲法や法律をねじ曲げようが、兵器を蓄えようが、兵器を使う瞬間に人を殺さなければよい。戦場で対峙するのは国の指導者ではなく、〝人民〟である。殺す役も殺される役も、みんな人民に押し付けられる。それが〝国の常識〟であり、戦争である。殺されるのはもちろん嫌だが殺すのも嫌だというのが〝人の常識〟である。

国の常識より人の常識である。

3 自分の声を発信しよう

現代は、インターネットによって自らの意見を発信しやすくなっている。仮に、日本で500万の人が「人を殺すのはいやだ」と発信し、1000万のアメリカ人が発信し、80億人の世界で4億人が発信すれば、発信することがより容易になり、さらに発信数が増える。そのように増えていけば、その声を無視して「戦争せよ」と号令をかける指導者が支持されるだろうか。

国の失敗から戦争が起きても、人としてそれに付き合う必要はない。私たちは殺し合う必要など、どこにもない。こんな単純な人類共通のルールを表明するだけで、戦争への熱狂を冷ますことができる。みんなが表明すれば、殺し合い、つまり戦争にはならない。

「人を殺すのはいやだ」の発信で世界を埋め尽くそう！

緊急提案　ウクライナ戦争終結提案の試み（未完成）

ロシアのウクライナ侵攻、それに伴う国内外の軍備拡張世論の高まりへの懸念、これらが、本書出版のきっかけとなった。歴史的経緯を整理することで、９条の「非武装・不戦」の真価をより深く理解することができた。

起きてしまったウクライナ戦争に対して、９条の立場から、どのような終結提案がされるのか、その点についてはは書かないつもりでいた。そもそも、９条の立場からは戦争にならない。常に、戦争を回避する外交などの努力を重視する。それでもロシアのような国ならば侵攻してくるかもしれない。その場合でも、「武力では戦わない」「人命尊重」「理不尽には屈服しない」という立場から、非暴力で、プーチンではなくロシア国民と国際社会に訴えかけるのが９条の立場であると考える。それでも、侵攻を受けたらどのような対応をしても被害は避けられないだろう。

私は、９条の価値を信じる一国民にすぎない。現地での最新の戦況情報も知識もなく、終結提案など考えられるはずがないと思っていた。しかし、ウクライナの被害が大き過ぎて、疲弊が極度に達していることが、ニュースからもひしひしと感じられる。

ウクライナで、徴兵逃れをする若者が増え、犯罪者として取り締まられている映像を見れば、いたたまれなくなる。徴兵を逃れようとする若者も、祖国防衛のために若者を取り締まっているウクライナ警察（?）も、どちらも悪くない。悪くない者どうしで、悲しい目に遭わせたり、遭わせられたりしている。考えてみれば、ウクライナを支援している国も、武器を与えて「ロシアと命を懸けて戦ってこい」という、〝残酷な支援〟をしていることになる。

戦いの真っただ中にいるウクライナ人の多数（2年前ほど多くはないが）は、「ロシアとは徹底して戦うべきだ」と考えている。そのようなウクライナの人々の意識は尊重すべきである。ただ、国際的な支援としては、何より、一刻も早くこの戦争を終結させることを目指して、すべての国連加盟国が一気に話を進める努力をしなければならない。

私は、無理は承知で、9条の平和主義の原則から考えられる戦争の終結案を試みた。私の稚拙な提案、しかも未完成な提案には、読者からも、9条支持者からも、批判が浴びせられるだろう。しかし、批判の中から私がクリアーできなかった問題の解決策が出されるなら、〝ヒョウタンから駒〟になるかもしれない。かすかな期待から、未完成の案を提示することにした。

起きてしまった戦争の終結提案とは、何を守るために何に妥協すべきか、言わば〝妥協の仕方〟である。これほどまで被害が大きくなった戦争だから、可能な限り妥協し、譲れない点を最小にしなければ終結合意は遠くなる。譲れない三原則と、①～④の実行案を提示する。

終結の三原則

一　一切、軍事力に頼らないこと。現在の戦況に左右されないこと。

二　より民主的な解決法であること。国家の論理より国民・住民の論理が優先されること。

三　即時に戦争を終わらせること。

この三原則を具体化するために、次の①～④を実行する。

①　ウクライナ領土内でロシアが領有したい地域を、ロシアが指定する。

②　その地域の領有について、その地域の住民が、ロシアに帰属するのか、ウクライナに帰属するのか、どちらにも帰属せず独立するのか、公正な住民投票で決定する。

③　公正な投票は、ウクライナ管理下でもロシア管理下でも不可能である。この投票のため、すべての国連加盟国が代表を派遣し、投票管理組織をつくり、その組織下で住民投票を実施する。国連はこの組織の任務遂行のため、国連軍ではなく、国連警察（UNPOL）を派遣する。

④　①～③を実施するため、即座に戦闘をやめ、すべての軍隊は、投票地域から撤退する。

提案の趣旨説明

三原則については、9条が民主主義憲法の平和主義条項であることから譲れない。

①②は、プーチンの主張に寄り添った提案である。彼は、ウクライナ侵攻を合理化する理由の重要な一つとして、ウクライナ国内でロシア系の住民が虐げられているということを挙げている。ロシア系住民がウクライナの〝ナチズム〟によって弾圧を受けているから、それを解放するための戦争であると主張している。私を含めて、プーチンの言うことを信じる人はいないだろうが、①②はそんなプーチンの主張を受け止めた提案である。相手の主張を受け止めることから始めなければ、話し合いの糸口さえつかめないだろう。

もちろん、①②は、ウクライナ側から強い批判を受けるだろう。「なぜ、ウクライナ領土であることが国際的にも認められている地域で、ロシアの領有主張を取り上げて、改めて住民投票をする必要があるのか」という、至極当然の批判である。提案に対して、ウクライナは、このような批判を明確に表明すべきである。ウクライナの主張は「侵攻前の状態に戻せ」という正当な主張であるから、徹底してその立場を表明すべきである。ただ、主張した上で、大きな妥協であることを示して、最終的に①②案を飲んでほしい。正当な主張を繰り返すだけでは、ロシアとの話し合いの糸口さえ見えないからである。

話し合うことができなければ、ウクライが潰れるか、ロシアが潰れるか、行き着くところまで行くしかない。そうなれば、この戦争は、ロシアの蛮行によって、甚大な被害をもたらした出来事として、歴史に刻まれるだろう。戦いの犠牲となったウクライナの戦士と多くの一般人は英雄的な犠牲者と讃えられ、プーチンによって戦争に駆り出された多くのロシア兵は悲しまれるべき犠牲者と見なされるだろう。終結提案（妥協）は、被害をこれ以上大きくしないためのものである。

　ベトナム戦争においては、ベトナムは、約３００万人の戦死者（アメリカの約50倍）を出し、アメリカのジュネーブ協定（１９５４年）違反の不当な軍事介入と戦い、アメリカを追い出した。あのベトナムの人々の戦いと同じく、ウクライナの人々の戦いも、自衛のための名誉ある戦いである。

　９条は、自衛のための英雄的な戦いも禁じている。つまり、かつてのベトナムの人々とは別のやり方で、平和への道を探している。９条が通用するには、相手が人命尊重の国でなければならない。ロシアは、軍事的制圧によって領土を奪いたいという今の姿勢を変えないとすれば、９条が通用しない国のままである。

　しかし、プーチン支配下のロシアのような国が相手ならば、９条が通用しないだけでなく、生半可な軍事力でも通用しない。犠牲者は増え、軍拡競争のため軍事費は増え、戦争反対の世論は圧力を受け、生活は破壊される。プーチンのような人物が支配する国に対しては、９条の立場であろうがなかろうが、通用しない。目の前のウクライナの状況が実証しているのはそのことである。

幣原喜重郎は、第二次世界大戦の終結が、戦争から平和へ歴史が転換する、ターニングポイントであると考え9条を提案した。残念ながら、その後の経緯は、ターニングポイントではなかったことを示している。大戦以後も人類はずっと戦争の道を歩んできた。現在が、戦争から平和へ変わる幸運な一瞬であるという偶然を期待することは虫が良すぎたと言うほかはない。ただ、実際にターニングポイントが来るためには、「非武装・不戦」を訴え続けなければならない。武装と戦争を肯定すれば、ターニングポイントは永遠にやって来ない。9条の価値を認める私たちは、必ずいつかは戦争の道から平和の道へと人類が歩む道を変えることを信じて、訴え続けるしかない。

議論の正当性から言えば、ウクライナが大きく妥協して①②を実施する必要はないことを先に述べた。ただ、形式的にロシアに大きく譲ったとしても、将来的に民主国家として発展することを目標にすれば、得るものも少なくはない。住民投票で領土を決定するということは、ウクライナが屈服してプーチンの主張を受け入れることではない。

逆に、住民の意思によって国家帰属が決定されるのは、大きな進歩であると考えることもできる。かつて領主が戦いによって領土や領民を獲得してきたように、現代でも、国家が領土を獲得し国民を束縛するというやり方が一般的に行われている。そんなやり方に終わりを告げることもできるからである。国家の論理ではなく、国民・住民の論理で領土問題を解決する道が開かれる。

住民投票によって地域の帰属国家を決めた成功事例は、過去にも存在している。例えば、領土をめぐって戦争を重ねていたデンマークとドイツは、住民投票によって国境を確定した（１９２０年）。国境周辺では、ドイツ系デンマーク人や、デンマーク系ドイツ人が混在していて、対立が生じかねない状態がずっと続いていた。投票によって国境を決めた後も、人口比率は流動し、不安定な時代が続いていた。小国デンマークは、領土問題が国家間の戦争に発展しないよう、領土に対しては禁欲的・抑制的姿勢を守り、また、デンマーク国内のドイツ系住民を大切にする姿勢を守った。それは、ドイツ国内のデンマーク系住民がドイツにおいて大切に扱われることにつながるからである。そして、ドイツ国内でデンマーク系住民が平穏に暮らせていることが、両国の平和の証となるからである（『南スリースヴィ問題とデンマークにおける国境観の対立』村井誠人 １９９６年より）。

個人として、どんな民族的アイデンティティーを持っていたとしても、自分が帰属する国において主権者として平等に扱われるならば、どの国に帰属するのかというのは、大した意味を持たなくなる。さらに、国家どうしが資源などの権益を奪い合うことがなくなれば、国境線も大した意味を持たなくなる。そのような先に安定した平和がある。必ずしも順風満帆で成功しているとは言えないが、ＥＵ（ヨーロッパ連合）はそれを目指している。

ともかく、①②は、ロシアの言い分を認めて大きな譲歩をしているように見えても、住民自らが国の帰属を決めるという民主主義にとって大きな進歩にもつながると考えれば、屈辱的な妥協ではなく、進歩につながる妥協である。

①②について、実は、致命的な問題がある。ウクライナ憲法では、国境の変更は住民投票ではなく国民投票で決めなければならないとされている。プーチンは、クリミア併合（２０１４年）の際、姑息な手法でこの問題を〝すり抜けた〟。クリミアをまず〝独立〟させて、そのクリミアで住民投票を行い、ロシアに帰属させるような体裁をとった。国際社会は、住民投票の不公正さも含めて、プーチンのこのやり方を認めてはいない。私は、この問題のクリアーの仕方がわからず、試案が未完成のままである。

さらに、肝心の合意達成の可能性であるが、ウクライナがいかに大きな譲歩をしたとしても、プーチンは、国連管理下の住民投票で不利になると予想すれば、この提案には乗ってこない可能性が高い。相手が乗ってこなければ、どうにもならない。

私の試案は、このように未完成で稚拙であり、合意の可能性も高くない。ただ、始まってしまった戦争は、終結させるのがいかに困難かということでもある。

成功の可能性は低くても、このような、「非武装・不戦」・民主主義の立場から、いろいろな終結提案を行うのは意味がある。内容的に反対しにくい終結提案を繰り返すことで、インドや中国などのロシア擁護勢力（国連でのロシア非難決議棄権国32カ国）を揺さぶることができるからである。


疲弊しきっているのはウクライナ国民だけではない。この2年間で軍事費を3倍に増やしたロシアも疲弊しきっているはずである。プーチンは、ロシア国内では、自分を批判する人物を次々に殺している。このことは、プーチンの支配力の強さを表しているのではなく、弱さを表している。

他国を侵略する国家は、戦前の大日本帝国もそうであったように、必ず自国民を弾圧し、自国の豊かな発展を阻害する。あのソビエト連邦の崩壊からプーチンは何も学んではいない。国家予算の3割を軍事費に使うような国が豊かになれるはずはなかった。

プーチンの支配する国家は、このまま進めば、引き返すすべもなく、ロシア国民を道づれに、崩壊への道を邁進することになる。

プーチンには〝プーチン帝国崩壊〟まで生きてもらって、今までの罪状を徹底的に明らかにし、生涯をかけてその一部でも償ってもらわなければならない。以後、プーチンのような「指導者」が二度と出ないような教訓のためにも、償ってもらわなければならない。

死刑にするのでは、教訓にはできない。

考えてみれば、教訓にすべき「悪しき指導者（大・中・小）」で、教訓にできないまま死なせてしまった者が、いかに多いことか。

（ロシアのウクライナ侵攻開始から2年　２０２４年2月24日）

最後に

本書の出版に際して、お世話になった風詠社の方々、とりわけ原稿の不備や参考文献を丁寧にチェックしていただいた藤森功一氏には、深い感謝の意をお伝えしたいと思います。また、妻東道恭子からは、平和を論じた新聞記事のチェックと保存や、平和に関する議論の相手となるなどの協力を得ました。感謝の意を表したいと思います。

参考文献

『あたらしい憲法のはなし 他二篇』高見勝利［編］（岩波書店　２０１３年）

『新しい社会　公民』矢ケ崎典隆、坂上康俊、谷口将紀　ほか１０７人（東京書籍　２０２１年）

『中学生の公民』江口勇治　ほか16名（帝国書院　２０２１年）

『「現代」と「その後」の社会』東道利廣（風詠社　２０２０年）

『憲法９条の思想水脈』山室信一（朝日新聞社　２００７年）

『三酔人経綸問答』中江兆民（岩波書店　１９６５年版）

『兆民先生』幸徳秋水（岩波書店　２０２３年）

『レヴィンソンと戦争違法化』小西中和（彦根論叢　滋賀大学経済学会［編］２０２２年）

『戦争放棄に関する条約』（外務省　１９２８年）国立公文書館ＨＰより

『幣原先生から聴収した戦争放棄条項等の生まれた事情について』平野三郎（憲法調査会事務局　１９６４年）

『日本国憲法９条に込められた魂』鉄筆［編］（鉄筆　２０１６年）

『外交五十年』幣原喜重郎（読売新聞社　１９５１年）

『日本国憲法をつくった男　宰相幣原喜重郎』塩田　潮（朝日新聞出版　２０１７年）

『帝国主義』（明治34年刊行）幸徳秋水（岩波書店　２００４年）

『ガンディー　平和を紡ぐ人』竹中千春（岩波書店　２０１８年）

『ガンジー』坂本徳松（清水書院　１９６９年）
『ネルソン・マンデラ　分断を超える現実主義者』堀内隆行（岩波書店　２０２１年）
『現代語訳　学問のすすめ』福澤諭吉　齋藤 孝［訳］（筑摩書房　２００９年）
『アジア・太平洋戦争』吉田 裕（岩波書店　２００７年）
『第二次世界大戦』ゲアハード・Ｌ・ワインバーグ　矢吹 啓［訳］（創元社　２０２０年）
『第二次世界大戦１９３９－４５（上）』アントニー・ビーヴァー　平賀秀明（翻訳）（白水社
２０１５年）
『第二次世界大戦１９３９－４５（下）』アントニー・ビーヴァー　平賀秀明（翻訳）（白水社
２０１５年）
『社会主義の20世紀　第４巻』和田春樹　下斗米伸夫　ミハイル・コルチャギン　レシュク・コ
ラコフスキー　ＮＨＫ取材班（日本放送出版協会　１９９１年）
『社会主義の20世紀　第６巻』和田春樹　ＮＨＫ取材班（日本放送出版協会　１９９１年）
『日本国憲法の誕生　増補改訂版』古関彰一（岩波書店　２０１７年）
『日本国憲法を生んだ密室の九日間』鈴木昭典（ＫＡＤＯＫＡＷＡ　２０１４年）
『日本国憲法はどう生まれたか？』青木高夫（ディスカヴァー・トゥエンティワン　２０１３年）
『証言でつづる　日本国憲法の成立経緯』西 修（海竜社　２０１９年）
『興亡と夢　戦火の昭和史５　第九部　廃墟の中から／第十部　平和の夢』三好 徹（集英社
１９８６年）

『昭和の三傑　憲法九条は「救国のトリック」だった』堤　堯（集英社インターナショナル　２００４年）
『満州裏史　甘粕正彦と岸信介が背負ったもの』太田尚樹（講談社　２０１１年）
『絢爛たる醜聞　岸信介伝』工藤美代子（幻冬舎　２０１４年）
『岸　信介　権勢の政治家』原　彬久（岩波書店　１９９５年）
『朝鮮戦争　米中対決の原形』神谷不二（中央公論社　１９９０年）
『朝鮮戦争全史』和田春樹（岩波書店　２００２年）
『朝鮮戦争　上　血流の山河』芝　豪（講談社　２０１４年）
『朝鮮戦争　下　慟哭の曠野』芝　豪（講談社　２０１４年）
『マオ　誰も知らなかった毛沢東　下』ユン・チアン　ジョン・ハリディ　土屋京子［訳］（講談社　２００５年）
『自衛隊史　防衛政策の七〇年』佐道明広（筑摩書房　２０１５年）
『図説　戦後世論史』ＮＨＫ放送世論調査所［編］（日本放送出版協会　１９８２年）
『憲法学教室　第３版』浦部法穂（日本評論社　２０１６年）
『司法と憲法９条　自衛隊違憲判決と安全保障』永井靖二（日本評論社　２０１７年）
『長沼事件 平賀書簡　35年目の証言』福島重雄、大出良知、水島朝穂（日本評論社　２００９年）
『砂川判決と戦争法案』砂川判決の悪用を許さない会［編］（旬報社　２０１５年）
『憲法第９条について　自衛隊の海外派遣をめぐる憲法的諸問題』に関する基礎的資料　衆議院

憲法調査会事務局（安全保障及び国際協力等に関する調査小委員会　２００３年）
『９条の挑戦――非軍事中立戦略のリアリズム』伊藤　真、神原　元、布施祐仁（大月書店　２０１８年）
『平和憲法の破壊は許さない』寺井一弘、伊藤　真、小西洋之（日本評論社　２０１９年）
『「憲法改正」の真実』樋口陽一、小林　節（集英社　２０１６年）
『改憲的護憲論』松竹伸幸（集英社　２０１７年）
『「改憲」の論点』木村草太、青井美帆、柳澤協二、中野晃一、西谷　修、山口二郎、杉田　敦、石川健治（集英社　２０１８年）
『日本国憲法』長谷部恭男［解説］（岩波書店　２０１９年）
『憲法と平和を問いなおす』長谷部恭男（筑摩書房　２００４年）
『自衛隊と憲法　危機の時代の憲法論議のために　増補版』木村草太（晶文社　２０２２年）
『憲法問答』橋下　徹、木村草太（徳間書店　２０１８年）
『戦い好まば国亡び　戦い忘れなば国危うし　防衛大学校卒業祝辞集』三浦朱門［編］（光文社　２００１年）
『日本国憲法を考える』西　修（文藝春秋　１９９９年）
『憲法とはなにか』櫻井よしこ（小学館　２０００年）
『亡国の安保政策　安倍政権と「積極的平和主義」の罠』柳澤協二（岩波書店　２０１４年）
『憲法九条、いまこそ旬』井上ひさし、梅原　猛、大江健三郎、奥平康弘、小田　実、加藤周一、

澤地久枝、鶴見俊輔、三木睦子（岩波書店　2004年）

『反－憲法改正論』佐高 信（KADOKAWA　2019年）

「憲法を破壊する集団的自衛権の行使容認に反対することに関する請願」第189国会請願　新件番号665

『検証　自民党憲法改正草案』国内情勢研究会［編］（ゴマブックス　2016年）

『憲法論議の指針』立憲民主党（立憲民主党政調審議会　2020年）

『ウクライナ侵略と日本共産党の安全保障論』志位和夫（日本共産党中央委員会出版局　2022年）

『憲法カフェへようこそ　意外と楽しく学べるイマドキの改憲』あすわか（明日の自由を守る若手弁護士の会）（かもがわ出版　2016年）

『憲法カフェで語ろう　9条・自衛隊・加憲』あすわか（明日の自由を守る若手弁護士の会）、柳澤協二（かもがわ出版　2016年）

『自衛隊や自衛の措置を憲法に書き加えても何も変わらないの？』日本弁護士連合会（2019年2月）

『2019年大会決議』関東弁護士会連合会（2019年9月）

『世界の現行憲法と平和主義条項』西 修（駒澤大学法学部研究紀要　2002年）

『ルソーとサン・ピエール「永久平和論」』松川みゆう（関西フランス語フランス文学会　2015年）

『人新世の「資本論」』斎藤幸平（集英社　２０２０年）
『暴力の人類史　上』スティーブン・ピンカー　幾島幸子、塩原通緒［訳］（青土社　２０１５年）
『暴力の人類史　下』スティーブン・ピンカー　幾島幸子、塩原通緒［訳］（青土社　２０１５年）
『俘虜記』大岡昇平（新潮社　１９６７年）
『特集　憲法改正問題を考える　憲法９条の歴史』愛知県弁護士会（会報『ＳＯＰＨＩＡ』２０１９年）
『平和憲法を持つ三つの国　パナマ・コスタリカ・日本』吉岡逸夫（明石書店　２００７年）
『丸腰国家　～軍隊を放棄したコスタリカ　60年の平和戦略～』足立力也（扶桑社　２００９年）
『平和ってなんだろう　「軍隊を捨てた国」コスタリカから考える』足立力也（岩波書店　２００９年）
『物語　バルト三国の歴史』志摩園子（中央公論社　２００４年）
『アラブとイスラエル』高橋和夫（講談社　１９９２年）
『イスラエル』臼杵陽（岩波書店　２００９年）
『南スリースヴィ問題とデンマークにおける国境観の対立』村井誠人（早稲田大学大学院文学研究科紀要　１９９６年）
『デンマーク・ドイツ国境の成立とその性格』村井誠人（歴史地理学紀要　１９７５年）

東道　利廣（ひがしみち　としひろ）

１９５２年徳島県美波町（旧日和佐町）で生まれ、京都大学で物理学を学び、大阪府立高校の数学科教員を33年間務める。その間、労働組合、環境教育学会、環境学会、えんとろぴい学会で活動。退職後、大阪と徳島県の二重生活をしている。徳島では、親から引き継いだ農地で細々と農業を営む。

著書・論文等

「人はどのように自然とつきあうべきか」（『教育タイムス』第２０１４、２０１５、２０１６号）
「経済学の生産力概念と環境問題」（『えんとろぴい』第36号）
「永続的エネルギーシステムをめざして―デンマークの例に学ぶ―」（『人間と環境』Ｖｏｌ20　№１）
「教育を受ける権利から教育をつくる権利へ」（『こみゅんと』№30　あゆみ出版）
『文化としてのたんぼ』（ダイヤモンド社　共著）
「農業の目で環境問題を見る」（『人間と環境』Ｖｏｌ18　№２）
「ＳＤ（サスティナブルディベロップメント）をどう評価するか」（『日本の科学者』Ｖｏｌ29）
『選挙という非民主主義』（風詠社）
『「現代」と「その後」の社会』（風詠社）

エッセイ

「オニヒトデはどこへ行った」「テントウムシとアブラムシ」など（『環境教育ニュースレター』）

９条はどこに行った

平和について、じっくり考えてみませんか

2024年5月21日　第1刷発行

著　者　　東道利廣

発行人　　大杉　剛

発行所　　株式会社 風詠社

〒553-0001 大阪市福島区海老江5-2-2 大拓ビル5 - 7階

Tel 06（6136）8657　https://fueisha.com/

発売元　　株式会社 星雲社（共同出版社・流通責任出版社）

〒112-0005 東京都文京区水道1-3-30

Tel 03（3868）3275

装　幀　　2DAY

印刷・製本　シナノ印刷株式会社

ISBN978-4-434-33879-3 C0032